개인 기도

믿음이란
한 알의 밀알이 땅에 떨어져 죽음으로 많은 열매를 맺음과 같이
진리의 열매를 위하여 스스로 죽는 것을 뜻합니다.
눈으로 볼 수는 없으나 영원히 살아 있는 진리와
목숨을 맞바꾸는 자들을 우리는 믿는 이라고 부릅니다.
「믿음의 글들」은 평생, 혹은 가장 귀한 순간에
진리를 위하여 죽거나 죽기를 결단하는
참 믿는 이들의, 참 믿는 이들을 위한, 참 믿음의 글들입니다.

개인 기도

C. S. 루이스 지음

홍종락 옮김

To Malcolm
말콤에게

■ 일러두기
• '말콤'은 C. S. 루이스가 오래된 친구로 설정한 가상의 인물이다.
• 이 책의 성경구절은 개역개정판을 사용했으며, 예외의 경우는 따로 표기하였다. 원문에 있는 커버
  데일 역 성경의 의미를 살리기 위해 옮긴이가 그대로 번역한 부분은 별도 표기하였다.
• 본문 가운데 [ ] 안의 내용은 옮긴이가 의미를 살리기 위해 덧붙인 것이다.

Letters
Malcolm

　우리가 주고받는 편지에 예전처럼 대강의 주제나 관심사를 정해
놓자는 자네 생각에 전적으로 찬성하네. 한동안 서로 연락이 뜸했
던 것도 이렇다 할 공통 관심사가 없었기 때문 아니겠나. 학부 시
절에 우린 《국가론*Republic*》과 고전 율격, 그리고 당시 '신新' 심리
학이라 불리던 사조[1]에 대해 끝도 없이 써 대며 편지도 참 자주 주
고받았지! 멀리 있는 친구를 가깝게 느끼도록 해 주는 데 의견 차
이만큼 좋은 도구는 없지.

　자네는 기도가 어떻겠느냐고 제안했는데, 나도 많이 생각하던
주제일세. 물론 개인기도에 대해서지. 혹시 자네가 공동기도를 염

---

1) 프로이트 심리학. 이하 주는 모두 옮긴이 주.

두에 둔 거라면 나는 사절일세. 예배학liturgiology은 내가 가장 할 말이 없는 주제거든(물론 스포츠도 그렇지만). 예배학에 관해서라면 이번 편지 한 번만으로도 충분할 걸세.

평신도인 우리의 임무는 주어진 바를 최대한 잘 활용하는 거 아니겠나. 주어진 것이 언제 어디서나 늘 동일하다면 그렇게 하기가 훨씬 쉬워질 걸세. 그런데 영국성공회 성직자들을 보면, 대부분 다른 생각을 하는 것 같더군. 그들은 끊임없이 예배 분위기를 유쾌하게 하거나 밝게 바꾸고, 예배시간을 늘이거나 줄이고, 예배형식을 간소화하거나 복잡하게 하는 것으로 사람들을 교회로 불러 모을 수 있다고 믿는 것 같아. 열의가 많은 신임 목사라면 교회 내에서 자신의 개혁에 찬성하는 몇몇 교인을 확보할 수도 있겠지. 그러나 대다수는 동의하지 않을 걸세. 많은 사람들이 교회에 나가지 않게 될 테고 그나마 남은 사람들도 좋아서가 아니라 그냥 견디는 정도일 거야.

이것을 단지 대다수 교인들이 완고하기 때문이라고 봐야 할까? 그렇게 생각하지 않네. 그들의 보수적인 태도에는 정당한 이유가 있어. 새로움 그 자체는 오락적 가치밖에 없네. 그런데 대다수 교인들은 오락을 목적으로 교회에 가는 게 아니거든. 그들은 예배를 **활용**하기 위해, 다시 말해 예배에 **참여**하기 위해 교회에 가지. 행위와 언어로 구성된 예배라는 틀 속에서 우리는 성찬을 받고 회개를 하고 간구를 하며 찬양을 드리지. 그리고 이 일을 가장 잘 하도록 해 주는 예배란 오랜 시간 동안 친숙해서 별다른 생각 없이도 몰입할 수 있는 예배일세. 스텝에 신경 쓰느라 몇 걸음인지 일일이 세어야 한다면 그건 춤추는 게 아니라 춤을 배우는 거라고 해야겠지. 편한 신발이란 신고 있다는 사실을 의식하지 못하는 신발이야. 눈이나 조명, 인쇄나 철자에 대해 신경 쓸 필요가 없어야 제대로 된 독서가 가능하지. 완벽한 교회 예배는 그 형식을 거의 의식하지 못하는 예배, 그래서 우리의 관심이 하나님께로만 향하는 예배일 거야.

그런데 예배에 도입하는 새로운 요소들이 이것을 방해한다네. [하나님이 아니라] 예배 자체에만 관심을 기울이게 만들거든. 하지만 예배에 대해 생각하는 것과 예배하는 것은 전혀 다르지 않나. 성배聖杯가 "무엇을 위해 존재하는가?"[2]라고 묻는 것은 중요한 질문이었네. "예배를 신神보다 더 중시하는 건 지독한 우상숭배일세."[3]

더 나쁜 상황이 벌어질 수도 있네. 새로운 요소 때문에 예배 자체도 아니고 예배 인도자에게만 온통 신경이 쓰일 수도 있단 말일세. 아무리 생각을 안 하려고 해도, '도대체 저 사람이 뭘 하려는 거지?'라는 질문이 떠오르거든. 우리 마음이 허튼 데 허비되는 거야.

---

2) 중세 유럽의 아서 왕 전설에서, 성배를 찾아 나선 기사 파르시팔이 성배에 대해 묻는 질문이다. 원래 질문은 "성배는 누구를 위해 존재하는가"이다.
3) 셰익스피어의 작품 《트로일러스와 크레시다 Troilus and Cressida》에 나오는 대사.

"앞에 선 저 양반들이 베드로에게 주신 주님의 명령을 제대로 기억하면 좋겠네요. 주님께서는 '내 양을 먹이라' 하셨지, '내 쥐들로 실험하라' 혹은 '공연하는 개들에게 기술을 가르치라'고 말씀하신 게 아니라는 것을요." 이렇게 말하는 사람으로선 이유 있는 항변인 거지.

그러니까 예배에 대한 내 의견은 이거야. 자꾸 형식을 바꾸거나 변화를 꾀하지 말아 달라는 것. 일정하게 유지만 된다면 나는 거의 모든 예배형식을 받아들일 수 있네. 그러나 익숙해질 만할 때마다 예배형식이 바뀐다면 나는 예배를 드리는 데에 조금도 나아질 수 없을 걸세. 훈련된 습관 *babito dell'arte*을 얻을 기회가 없기 때문이지.

내가 봤을 땐 단순히 취향 문제인 듯한 차이점 중에도 중요한 교리적 차이를 담고 있는 것이 있겠지. 하지만 다 그렇지는 않을 거 아닌가? 심각한 교리적 차이점이 예배형식의 차이만큼이나 많다면, 하나의 교파로서의 영국성공회 같은 건 존재할 수 없다는 결론을 내려야 할 걸세. 어쨌거나 예배형식을 그냥 놔두지 못하는 것은 성공회만의 특수한 현상이 아닌 듯해. 로마가톨릭 신자들도 똑같은 불평을 하더라고.

이 말을 하고 보니 다시 출발점으로 돌아가게 되는군. 우리 평신도의 임무는 그저 주어진 대로 감수하며 최대한 잘 활용하는 걸세. 한 가지 예배형식만 지나치게 선호하는 경향도 유혹이라고 봐야

할 거야. 나는 당파적인 '교인근성'은 정말 질색 *bête noire*일세. 그
것을 피한다면 아주 유용한 역할을 감당할 수 있지 않겠나? 목자
들은 "각기 제 길로" 떠나 지평선 너머 사방으로 사라져 버리지만,
양들이 참을성 있게 떼 지어 몰려가면서 계속 울다 보면 결국에 목
자들을 다시 불러오게 되지 않을까? (장군들의 지휘는 형편없었지만
사병들의 노고로 영국군이 승전을 거둔 경우가 가끔 있지 않았던가?)

예배언어, 즉 《성공회 기도서》[4]의 경우는 또 다른 문제일세. 일
상어로 된 《기도서》라면 시대에 맞춰 계속 달라져야겠지. 그렇지
않다면 결국 이름만 일상어 《기도서》가 될 테니까. '시간을 초월한
영어'라는 말은 어불성설이야. 살아 있는 언어는 절대 시간을 초월
할 수 없네. 차라리 강물이 흐르지 않기를 바라는 게 낫지.

나는 《기도서》에 꼭 필요한 변화가 가능한 한 서서히 그리고 (대
부분의 사람들이) 눈치 채지 못하게 이루어졌다면 가장 좋았을 거라
고 보네. 셰익스피어 작품의 개정판이 나올 때 철자가 조금씩 바뀌
는 것처럼 여기 조금, 저기 조금, 한 세기에 사어死語 한 단어 정도
바꾸는 식으로 말이야. 하지만 어차피 그럴 수 없다면, 현재로선
의회의 승인만 나온다면 새 《기도서》를 받아들일 수밖에 없겠지.[5]

---

4) 교회 절기표, 매일 성경읽기표, 아침기도문, 저녁기도문, 각종 기도, 미사 예식문, 각종
   성사 예식문(성세·견진·성체·혼인·병자·신품·고백성사 등), 시편 등을 수록한 책. 이하
   《기도서》.
5) 《기도서》의 개정을 위해서는 영국 하원의 승인을 받아야 한다.

실상은 그렇지 않아서 감사할 따름이지만, 만약 우리가 《기도서》필진에게 조언을 해야 할 위치에 있다면 자네는 무슨 말을 해주겠나? 내 조언은 그다지 도움이 안 될 이런 당부 정도일 게야. "조심해요. 오믈렛도 못 만들고 계란만 깨기 십상이니까."

이미 심하게 분열된 영국성공회 안에서 《기도서》는 그나마 몇 개 안 남은 통일성의 증표 중 하나일세. 그것을 포기하면서까지 개정을 한다면, 개정을 통해 얻을 유익이 매우 크고 분명해야겠지. 또 다른 분열의 원인이 되지 않을 새 《기도서》를 상상할 수 있겠는가?

개정을 촉구하는 사람들 대부분은 개정 《기도서》가 두 가지 면에서 만족스럽길 바라지. 이해하기 쉽도록 현대어로 바꾸는 것과 교리적으로 보완하는 것 말일세. 고통스럽고 위험한 두 수술을 동시에 해야만 하는 걸까? 과연 환자가 살아남을까?

새로운 《기도서》에서 구현되어야 할 합의된 교리는 무엇이며, 그 합의는 얼마나 지속될 수 있을까? 걱정이 돼서 묻는 거네. 얼마 전에 기존 《기도서》의 내용 중 정통 프로이트주의와 일치하지 않는 부분은 모두 삭제되길 바라는 어떤 사람의 글을 읽었거든.

어느 장단에 맞춰 언어를 개정해야 할까? 내가 아는 한 시골 목사가 《기도서》안의 "참되고truly 치우침 없이indifferently 정의를 시행한다"는 구절에서 **치우침 없이**가 무슨 뜻인지 자기 교회 관리인에게 물었다네. 그 사람은 이렇게 대답했다는군. "이 사람 저 사람 구별하지 않는다는 뜻입니다요." 그러자 목사가 다시 물었어. "그걸 **공명정대하게**impartially라고 바꾸면 어떻겠는가?" 관리인 이 대답했네. "모르겠는뎁쇼. 처음 듣는 말이네요." 자, 이건 사람 들의 이해를 돕기 위해 변화를 꾀한 사례일세. 하지만 보다시피 **치우침 없이**의 뜻을 아는 식자층에게도, 배움이 짧아 **공명정대하게**를 이해하지 못하는 사람들에게도 도움이 되지 않네. 아마도 소 수에 불과할 일부 중간층 교인들에게만 도움이 될 걸세. 개정작업 을 하는 분들이 (선험적*a priori*) 추측이 아니라 실제 언어에 대한 오 랜 경험적 연구를 통해 작업을 준비하기를 바라세. 나는 교육받지 못한 사람들이 **비인간적인**impersonal이라는 단어를 **무형의** incorporeal라는 뜻으로 쓰기도 한다는 걸 우연히 알게 되었는데, 이 사실을 아는 학자가 얼마나 될까?

고어체이지만 이해하는 데 무리가 없는 표현들은 어떤가? ("[영 원한 문들아] 들릴지어다Be ye life up."[6]) 고어체에 대한 사람들의 반 응은 참으로 다양하다네. 현실감이 떨어진다는 이유로 반대하는 사람들도 있고 매우 신비롭게 느껴져서 신앙심을 기르는 데 도움 이 된다는 사람들도 있는데, 식자층과 비식자층의 의견이 섞여 있 지. 두 부류를 모두 만족시킬 수는 없네.

변화가 필요하다는 건 아네. 하지만 지금이 과연 적기일까? 변

---

6) 시편 24편 7절.

화의 적기임을 알리는 조짐에는 두 가지가 있네. 우선, 영국성공회 전체에 이 문제에 대한 의견일치가 있어야겠지. 그래야 당장에 득세하는 일부가 아니라 영국성공회 전체가 새 작업을 통해 한목소리를 낼 수 있을 거 아닌가. 그리고 좋은 기도문을 쓰는 데 필요한 문학적 재능을 가진 사람이 성공회 내 어딘가에 분명히 있다면 그것 또한 조짐이 될 걸세. 되풀이해서 큰소리로 읽어도 자연스러우려면 산문이 아주 좋아야 할 뿐 아니라 특별한 방식으로 좋아야하네. 크랜머Tomas Cranmer[7]가 신학자로서는 결점이 있었을지 몰라도 문장가로는 현대와 선대의 많은 작가들보다 훨씬 뛰어났네. 현재로선 이 두 가지 중 어느 조짐도 보이지 않네.

그러나 우리는 모두 서투른 수선이라도 하고 싶어 하지. 나조차도 "너희 빛이 사람 앞에 비취게 하여"[8]라는 구절을 봉헌성구에서 뺐으면 하니까. 이 성경구절이 그 문맥에 들어가면 다른 사람들에게 보여 주기 위해 헌금을 하라는 권고처럼 들리거든.

자네가 로즈 매콜리Rose Macaulay[9]의 편지들에 대해 언급한 부분에 관해서도 하고 싶은 말이 있지만, 그건 다음 주 편지에나 써야겠네.

---

7) 1489-1556, 캔터베리 대주교, 《기도서》 편찬책임자.
8) 마태복음 5장 16절.
9) 1881-1958, 영국의 소설가이자 여행기 작가.

Letters
Malcolm

어째서 자네가 나의 예배관이 '인간 중심적'이고 '덕을 세우는 데만' 치중한다고 말하는지 그 이유를 모르겠네. 내 편지를 읽고서 어떻게 그런 결론을 내릴 수 있지? 나는 성찬에서 초자연적인 사건이 벌어진다고 확고하게 믿네. 많은 현대 신학자들은 이런 견해가 '마술적'이라고 말하겠지. 그러나 이런 초자연적 믿음이 있다고 해서 성찬 집전 성직자의 옷차림이나 동작 또는 위치 등을 가벼이 여길 수 있다는 건가? 성직자가 그 자리에 선 이유는 사람들의 덕을 북돋울 뿐 아니라 하나님께 영광을 돌리기 위한 것이라는 자네 말에는 동의하네. 하지만 그 성직자가 사람들의 예배를 방해한다면 어떻게 하나님께 영광을 돌릴 수 있겠나? 어느 성직자도 말했듯이 그것은 '성직자의 독주獨走'일 수 있지 않겠나? 그의 괴상한 면모만 부각시킴으로 말이야. 《그리스도를 본받아》에는 성찬을 집전하는 사제에게 "본인의 신앙심이 아니라 신도의 덕을 북돋우는 데 마음을 두라"고 충고하는 구절이 있는데, 참으로 옳은 말이라고 생각하네.

이제 로즈 매콜리의 편지 얘기를 해 보세. 그녀가 끊임없이 더 많은 기도문을 찾는다는 점에 나도 자네만큼이나 깜짝 놀랐다네. 단지 소장품 *objets d'art*으로 수집하는 거라면 충분히 이해할 수 있지. 그녀는 타고난 수집가거든. 하지만 나는 매콜리가 실제 활용할 목적으로 그 기도문들을 모은다는 인상을 받았네. 매콜리의 기도생활 전체가 소위 '기성품' 기도문, 즉 다른 사람들이 쓴 기도문에 의지하고 있는 것 같아.

하지만 나는 자네만큼 놀라기는 했어도 자네만큼 거부감을 느끼지는 않았네. 자네와는 달리 매콜리를 직접 만나는 행운을 누렸다는 점이 한 가지 이유가 될 거야. 자네가 꼭 알아야 할 게 있어. 그녀는 참 괜찮은 사람이었네. 내가 아는 이들 중 누구 못지않게 교양 있는 사람이었어. 또 다른 이유는 내가 종종 말했다시피 자네가 고집불통이라는 점일세. 부디 마음을 넓게 갖게, 말콤, 마음을 넓히라고! 세상을 이루는 데는 온갖 종류의 사람이 필요하다네. 교회도 마찬가지야. 교회의 경우에는 더욱 그럴지도 모르겠군. 은총이 자연nature을 완전하게 한다면 은총 덕분에 우리 모두의 본성nature이 확장되어 하나님이 원래 의도하신 풍성한 다양성을 온전히 드러내게 될 걸세. 그리고 천국은 지옥보다 훨씬 더 다양한 모습을 보여 주겠지. 다양한 '양 무리'에서 '물웅덩이'의 동질성만 바라선 안 되지. 야생의 장미와 나팔수선화가 다르듯 재배된 장미와 나팔수선화도 다르다네. 나는 그리스정교회 미사에 딱한 번 참석해 봤는데, 거기서 가장 마음에 들었던 것은 회중에게 정해진 행동방식이 없다는 점이었네. 서 있는 사람, 무릎을 꿇은 사람, 앉아 있는 사람, 걸어 다니는 사람, 애벌레처럼 바닥을 기는 사람도 한 명 있었지. 그곳의 좋은 점은 누가 어떤 행동을 하건 아무도 개의치 않는다는 거였어. 우리 성공회 신자들도 그들의 본을 따른다면 좋겠네. 우리 중에는 옆자리에 앉은 신도가 성호를 긋거나 긋지 않는다는 이유만으로도 기분이 상하는 사람들이 있지 않은가. 상대방을 나무라는 그런 태도도 문제가 있지만, 예배시간에 남의 행동이 눈에 들어온다는 것부터가 이상하지 않나? "남의 하인을 비판하는 너는 누구냐?"[10]

이런 이유로 나는 로즈 매콜리의 방법이 그녀에게 적합한 것임을 의심하지 않네. 물론 나에게는 적합한 방법이 아닐 걸세. 자네는 더 말할 나위도 없겠지.

어쨌든 나는 더 이상 이 문제에 대해 예전 같은 결벽증은 없네. 회심 후 꽤 여러 해 동안 나는 주기도문 외에는 어떤 기존 기도문

---

10) 로마서 14장 4절.

도 사용하지 않았다네. 사실 나는 말을 하지 않으면서 기도해 보려고 했어. 나의 정신활동을 말로 표현하지 않으려 한 거지. 다른 사람들을 위해 기도할 때도 가급적 이름을 부르지 않고 그들에 대한 심상心象으로 대체하곤 했다네. 지금도 나는 말없는 기도가 최상의 기도라고 생각하네. 그것이 가능하기만 하다면 말일세. 하지만 이제 내가 가진 정신적·영적 힘으로는 말없는 기도를 일용할 양식으로 취할 수 없다는 것을 깨달았네. 말없이 제대로 기도하려면 '최상의 상태at the top of one's form'여야 해. 그렇지 않다면 우리의 정신활동은 그저 상상력이나 감정—만들어진 감정은 참으로 비참하다네—의 작용이 되고 말지. 존귀한 순간이 찾아와 하나님이 정말 말없이 기도할 수 있는 힘을 주신다면, 바보가 아닌 다음에야 그 선물을 거절할 사람은 없을 걸세. 하지만 하나님은 그런 선물을 —적어도 내 경우에는— 날마다 주시지는 않는다네. 내 기억이 맞다면, 나의 실수는 파스칼이 "스토아학파의 오류"라고 부른 것, 즉 가끔 할 수 있는 일을 늘 할 수 있다고 착각한 데 있었네.

자, 이런 이유에서 나에겐 기존 기도문이나 자기 말로 하는 기도 둘 중 하나를 선택하는 문제가 자네가 생각하는 만큼 그렇게 중요하지는 않네. 어쨌거나 나에게 말이란 부차적인 거야. 그것은 닻일 뿐이지. 지휘자가 휘두르는 지휘봉의 움직임일 뿐 음악은 아니네. 말은 경배와 회개, 간구가 흘러갈 수 있는 통로의 역할을 하지. 그런 통로가 없으면 그것들이 넓거나 좁은 여러 웅덩이로 퍼져 버리기 쉽거든. 누가 만든 기도문인지는 그다지 중요하지 않아. 우리 자신의 말로 시작했더라도 반복하다 보면 얼마 후 굳어진 표현이 돼 버리기 십상이니까. 반면, 다른 사람이 쓴 기도문이라 해도 그 안에 계속해서 우리 자신의 의미를 부여하게 되지 않던가.

내 경우엔 '내 말로 된' 기도를 주식으로 하고 기존 기도문을 약간 추가하는 것이 가장 낫더라고. 하지만 습관이란 변하게 마련이고 또 그래야 마땅하니 '현재로선'이라는 단서를 붙여 두기로 하겠네.

자네에게 쓰는 편지니, 집에서 만든 주식의 중요성을 애써 강조할 필요까지는 없겠지. 솔로몬이 성전을 봉헌할 때 말한 것처럼, 기도하는 사람은 누구나 "자기의 마음에 재앙"[11]을 안다네. 자기 마음의 위로도 알지. 그 누구도 나와 똑같지 않고, 어떤 상황도 내 상황과 동일하지 않거든. 더군다나 나 자신과 내 상황은 끊임없이 바뀌고 있지 않은가. 그러니 기성품 대화만으로는 자네와 나의 관계에는 물론 하나님과 나의 관계에도 큰 도움이 안 될 거야.

그렇지만 이건 분명하네. 내가 약간의 기성품 기도문이 나름대로 쓸모 있다고 말해 봤자 자네가 납득할 것 같지는 않지만, 그저 나에겐 약간의 유익이 있다는 정도로만 이해해 주게. 나는 지금

---
11) 열왕기상 8장 38절.

어느 누구에게도 규범을 제시하려는 게 아니니까 말일세.

기성품 기도문이 내게 주는 유익은 첫째, '건전한 교리'에서 벗어나지 않도록 해 준다는 거야. 사람은 혼자 내버려 두면 "단번에 받은 그 믿음"[12]에서 벗어나 '내 종교'라는 망상으로 쉽사리 빠져들 수 있다네.

둘째, 기도문은 내게 "마땅히 기도할 바"[13]를 되새기게 해 준다네(다른 사람들을 위해 기도할 때는 특히 그런 것 같네). 가장 가까운 전봇대가 제일 커 보이듯, 현재의 위기가 언제나 가장 커 보이는 법이지. 그것 때문에 더 크고 항구적이고 객관적이며 많은 경우 더 중요한 필요들이 밀려나 버릴 위험이 있다네. 그건 그렇고, 개정 《기도서》에서 피해야 할 것이 또 하나 있는데, '당대의 문제들'이 지나치게 많은 분량을 차지하는 일일세. 《기도서》가 '최신판'이 될수록, 더 빨리 시대에 뒤떨어지게 될 테니 말일세.

끝으로, 기성품 기도문은 의식儀式의 요소를 제공하네. 자네는 그것이야말로 불필요하다고 여기겠지만 나는 꼭 필요하다고 보네. 기도문을 사용해 기도하는 것은 아내와 잠자리를 같이하면서 "페트라르카Francesco Petrarca[14]나 던John Donne[15]의 연애시를

---

12) 유다서 1장 3절, 새번역.
13) 로마서 8장 26절.
14) 1304-1374, 이탈리아의 시인, 학자, 인문주의자.
15) 1572-1631, 영국의 시인.

읊어대는" 일과 같다는 자네 말뜻을 이해할 수 있을 것 같네. (그건 그렇고 베티처럼 문학적인 아내라면, 자네는 그런 시를 **인용**해도 되지 않겠나?) 그렇지만 그 비유는 적절하지 못하네.

하나님과 한 사람 사이의 관계가 다른 두 사람이 맺는 어떤 관계보다 더욱 사적이고 친밀하다는 점은 나도 전적으로 동의하네. 물론이지. 그러나 다른 한편으로 볼 때 하나님과 사람 사이의 거리는 매우 멀기도 하네. 우리가 상대하는 분을 어떻게 불러야 할까. '전적 타자the Wholly Other' 라는 용어는 아무 의미도 담아내지 못하는 것 같아. '상상을 불허하며 감당할 수 없는 분the Unimaginably and Insupportably Other'이라고 해야 할까. 우리는 (가끔이라도 그럴 수 있기를 바라지만) 하나님과 우리 사이의 더 없는 근접성과 동시에 무한한 거리를 인식해야 하네. 자네는 이 관계를 지나치게 아늑하고 격의 없는 것으로 만드는 것 같아. 자네의 성애적 유비類比는 "내가 볼 때에 그 발 앞에 엎드려져 죽은 자같이 되매"[16]의 이미지로 보충될 필요가 있어.

내가 자라난 '저교회파'[17] **환경**은 시온을 너무 포근하고 편안하게 여기는 경향이 있었네. 나는 우리 할아버지가 종종 "천국에 가서 사도 바울과 흥미로운 대화를 나누게 되길 손꼽아 기다린다"고

---

16) 요한계시록 1장 17절.
17) 영국 성공회의 3대 교파(고교회파, 저교회파, 광교회파) 중 개신교의 영향을 많이 받은 교파.

말씀하셨다는 말을 들었다네. 두 성직자가 클럽에서 편안하게 대화를 나누는 장면이라니! 아무리 훌륭한 가문의 복음주의 성직자라 해도 사도 바울과의 만남은 놀라움 그 이상일 텐데, 할아버지는 그런 생각을 전혀 안 하셨는가 보네. 그러나 천국에서 위대한 사도들을 만난 단테는 **태산** 앞에 선 듯한 왜소함을 느끼지 않았나. 성인들에게 바치는 기도에 반대할 이유는 많이 있지만 그럼에도 그들에 비할 때 우리가 너무나 작다는 사실을 계속 상기시켜 주는 것만은 분명하네. 그렇다면 그들의 주인 되신 분 앞에서 우리의 존재는 어떠하겠나?

격식을 갖춘 몇 편의 기성품 기도문은 나의 그런 '건방'을 바로 잡아 준다네. 역설의 한 면이 살아 있게 해 주는 거지. 물론 그것은 한 측면일 뿐이야. 외경심을 갖느라 친밀함을 잃어버리느니 차라리 외경심을 모르는 게 나을 걸세.

3

Letters
Malcolm

세상에, 자네까지 왜 이러나! 아니, 아내와의 부부관계를 기도
와 비교하는 것에 반대했다고 해서 성性의 '거룩함'에 대해 온갖
장광설을 늘어놓질 않나, 내가 마치 마니교도라도 되는 양 설교를
해야겠나? 요즘은 성에 대해 입만 벙긋 해도 주위 사람들이 모두
이런 식으로 설교를 늘어놓는다는 건 알고 있네. 하지만 자네는
다르길 바랐는데. 내가 자네의 비유에 반대한 이유는 순전히 그
외람됨, 혹은 주제넘음 때문이라는 것을 분명히 밝히지 않았나?

　나는 '성'에 반대하는(또는 찬성하는) 말은 하지 않네. 성 그 자체
는 중력이나 영양섭취처럼 도덕적이지도 비도덕적이지도 않아.
하지만 인간의 성행위는 다르지. 인간의 성행위는 경제적, 정치적
행위 또는 농부나 부모나 자녀로서 행하는 행동과 마찬가지로, 선

할 때도 있고 악할 때도 있어. 그 성행위가 적법하게—주로 신의
와 사랑에서 벗어나지 않는다는 뜻에서—이루어질 때는 순전하게
행하는 다른 모든 일상 행위들처럼(사도도 말했듯이 "먹든지 마시든
지 무엇을 하든지") 하나님의 영광을 위해 쓰일 수 있네. 그리고 그
때 비로소 거룩한 행위가 되는 거지. 다른 일상 행위가 그렇듯, 그
렇게 될 수도 있고 그렇지 못할 수도 있지. 가엾은 울리치의 주교[18]
가 하려던 말이 이것이었는지도 모르네. 어쨌거나, 해야 할 말이
더 남았나? 이 딴소리는 이제 그만해도 되겠지? 그럴 수 있다면
좋겠네. 현대인들이 성이라는 주제를 지루한 것으로 만들어 버렸
어. 불가능에 가까운 위업을 달성한 거지. 가엾은 아프로디테! 사
람들은 그녀의 얼굴에서 환한 웃음을 대부분 앗아가 버렸네.

　성인聖人에게 바치는 기도 이야기로 화제를 분산시킨 것은 분
명히 나였던 것 같군. 그 주제로 토론을 할 생각은 전혀 없네. 그
것을 옹호하는 신학적 근거는 분명하니까. 살아 있는 사람들에게
기도를 요청할 수 있다면, 죽은 자들에게도 그렇게 못할 이유는
없지 않나? 물론 여기엔 큰 위험도 있지. 일부 사람들이 이것을
오용해서 천국에 대해 한없이 어리석은 생각을 만들어 내더군. 천
국을 지상의 법정과 비슷한 곳으로 만들어 버리는 거야. 배후에서

---

18) 존 로빈슨John A. T. Robinson(1919-1983), 대표작으로는 《신에게 솔직히Honest to
　　God》가 있다.

손을 쓰고, 최고의 '채널'을 찾아내고, 가장 영향력 있는 압력집단에 붙는 것이 현명한, 지상의 법정 말일세. 하지만 나는 이런 생각과 전혀 관계가 없네. 그들의 행동을 받아들일 생각도 없지만, 다른 사람들의 일을 이러쿵저러쿵 판단하고 싶지도 않아. 그럴 만한 자격도 없고 말일세. 영국성공회 내에서 시성諡聖[19] 계획이 없기를 바랄 뿐이네. 그보다 더한 분열의 온상은 상상할 수 없을 거야.

성인에게 바치는 기도의 합리성과 심지어 적법성을 놓고 나뉘어 있는 기독교계이지만 그나마 위안이 되는 점은 그들과 **함께** 기도하는 데에는 모두 동의한다는 사실이야. "천사들과 천사장들과 천국의 모든 사람들과 함께"[20] 말일세. 자네는 그것을 믿나? 최근에 나는 이 인용구를 내 개인기도의 일부로 삼았네. 주기도문에서 "이름이 거룩히 여김을 받으시오며"가 나올 때 이 기도문을 떠올리지. 그러고 보니 이것은 지난주에 내가 말했던 기성 기도문의 용도를 보여 주는 예가 될 수 있겠군. 이 인용구를 활용한 뒤로 내 기도가 아주 풍성해졌다네. 이론적으로야 성인들과 **함께** 기도함을 언제나 인정하고 있지. 하지만 적절한 순간에 의식적으로 떠올려 우리의 작은 음성에 목소리를 더하는 위대한 성인들과 (바라건

---

19) 가톨릭에서 교황이 뛰어난 신앙이나 순교로 이름 높은 이에게 '복자福者'라는 칭호를 내리고 모든 교회에서 공경하도록 선포하는 일을 '시복諡福'이라 한다. 교황이 시복된 복자를 성인聖人의 명부에 올리는 것을 시성이라고 한다. 루이스는 성공회가 이 관행을 받아들이는 것을 우려한 것이다.
20) 《기도서》에 수록된 기도문의 한 구절.

대) 우리가 사랑하는 망자들을 연상하면 전혀 다른 경험을 하게 되네. 그들의 목소리는 우리의 목소리 안에 묻어나는 못난 특성을 압도하고 고유의 작은 가치를 돋보이게 해 주는지도 몰라.

자네는 이런 행위에 담긴 성인들과의 교통이 성인들에게 바치는 기도와 다를 게 없다고 말할지도 모르겠네. 만약 그렇다면 더 좋지. 공식적인 대표자들이 여전히 영국성공회와 가톨릭교회의 재결합은 불가능하다고 선언하고 있지만, 때때로 나는 등 뒤에서 덮치는 거대한 파도처럼 재결합의 물결이 느닷없이 우리를 삼켜버리는 밝은 꿈을 꾼다네. 토론은 흔히 우리를 갈라놓지만 실행은 때때로 우리를 결합해 주지 않던가.

내가 말한 말없는 기도는 신비주의자들이 '침묵기도'라고 부르는 그런 높은 수준의 기도가 아니었네. '최상의 상태' 역시 영적인 의미로만 한 말은 아니었어. 몸의 상태도 포함한 얘기였네. 은혜받은 상태이면서도 졸음이 쏟아질 수 있다고 보기 때문일세.

졸음에 대해 말하자면, 도저히 짬을 낼 수 없는 경우가 아닌 이상 올바른 정신을 가진 사람이라면 주요 기도를 취침시간까지 미루지 않을 거라는 자네 말에 전적으로 동감일세. 잠 자기 전은 집중이 필요한 일을 하기에는 최악의 시간이거든. 문제는 그 외에 다른 시간을 내기가 어려운 불행한 사람들이 많다는 데 있어. 운이 좋은 우리 같은 사람들도 그 일이 늘 쉽지만은 않잖나. 내 경우, 시간에 쪼들릴 때는 잠들기 직전까지 기다리기보단 부적당한 시간이나 장소에서라도 기도를 하는 쪽을 택한다네. 출장 가는 날—
아마 목적지에는 끔찍한 모임이 기다리고 있겠지—이라면 차라리
혼잡한 기차 안에 앉아 있을 때 기도를 하지, 호텔 숙소에 도착하
는 한밤중까지 기도 시간을 미루지는 않겠네. 머리는 쑤시고 목은
따끔거리고 멍하고 정신없는 상태일 텐데 무슨 기도가 되겠나. 다
른 날, 좀 여유가 있을 때 공원 벤치에 앉거나 뒷골목을 거닐며 기
도할 수도 있겠지.

　이런 내 말을 듣고 누군가 이렇게 말하더군. "교회로 가시는 건
어때요?" 그러나 교회 안은 일 년에 9개월 정도는 무지무지 춥다
네. 그리고 나는 교회에선 운이 나쁜 편이라네. 교회 안으로 들어
가 마음을 가다듬기가 무섭게 두 가지 일 중 하나가 벌어지거든.
누군가 오르간 연습을 시작하거나, 아니면 고무장화를 신은 신앙
심 깊은 부인이 대걸레와 양동이, 쓰레받기를 들고 나타나 방석을
털고 양탄자를 말고 꽃병에 꽃을 꽂기 시작하지. 물론 (그 부인에게
축복을.) "노동은 기도work is prayer"[21]이고 행동으로 드리는 그
부인의 기도*oratio*가 말로 하는 내 기도보다 아마 열 배는 더 값질
거야. 하지만 그렇다고 내 기도가 더욱 값진 기도가 되는 데 도움
이 되지는 않지.

　낯선 시간, 낯선 장소에서 기도를 하자면 물론 무릎을 꿇을 수

---

21) 베네딕투스 수도회를 세운 성 베네딕투스Benedict의 금언으로 알려져 있다.

없을 걸세. 그 일이 중요하지 않다고 말하는 건 아니야. 영혼뿐 아니라 우리의 몸도 기도해야 마땅하니까. 몸과 영혼이 함께라면 더욱 좋을 거네. 몸에 축복을. 나는 몸 때문에 많은 곤경에 처했었지만 나 때문에 내 몸이 곤경에 처한 적은 그보다 훨씬 더 많아. 엉뚱한 상상을 하는 일만 없다면, 몸의 욕구들 때문에 곤란해질 일은 거의 없을 거네. 몸은 또 얼마나 많은 곤경에서 나를 구해 주었는지! 몸이 없다면 우리가 오감으로 받을 수 있는 하나님의 영광을 온전히 누리지 못할 것이고, 그 부분에서 하나님의 영광을 찬양할 수도 없게 될 걸세. 짐승들은 그 진가를 헤아릴 수 없고 천사들은 순전히 지성적 존재일 것이기 때문일세. 그들은 우리의 가장 위대한 과학자들보다도 색과 맛을 더 잘 **이해할** 걸세. 하지만 그들에게 망막이나 입천장이 있을까? 나는 '자연의 아름다움'이 하나님께서 우리와만 나누신 비밀이라고 생각하네. 그것이 우리가 창조된 이유이자 몸의 부활이 중요한 교리가 되는 이유 중 하나가 아닐까.

이런, 내가 딴 얘기로 들어가고 있구면. 내가 마니교도라는 자네의 비난 때문에 아직도 마음이 풀리지 않았나 보네. 요점은, 무릎을 꿇는 일도 중요하지만 그보다 더 중요한 것들이 있다는 걸세. 무릎을 꿇고 반쯤 잠든 채로 기도하는 것보다는 정신을 집중하고 편하게 앉아 기도하는 편이 훨씬 낫네. 때로는 둘 중 하나를 선택해야만 하지. (골다공증에 걸린 후로 나는 대부분의 장소에서 무릎을 꿇을 수가 없게 되었네.)

어느 성직자는 열차 칸막이 방을 혼자 차지하게 되면 그곳이 기도하기에 최적의 장소라고 했네. "적당한 정도로 주의를 분산시키는 환경이기 때문"이라나. 무슨 뜻인지 설명해 달라고 하자, 그는 완벽한 침묵과 고독 속에선 내면의 방해요소에 매우 민감해지는데 그보다는 적당량의 외적 방해요소가 더 처리하기 쉽다고 했네. 내 경우엔 그렇지 않지만 그 성직자가 무엇을 말하는 건지는 알 것 같아.

존스 씨네 사내아이의 이름은 시릴일세. 하지만 다른 사람들을 위해 기도할 때 그들을 세례명으로 부르는 걸 자네가 왜 그리 중요하게 여기는지 모르겠어. 하나님은 그들의 성姓도 아실 거 아닌가. 안됐지만 내 기도에서는 많은 사람들이 그저 '크루Crewe의 그 노인' 혹은 '그 여급' 심지어 '그 사람'으로 등장한다네. 그들의 이름을 잊어버렸거나 애초부터 몰랐다고 해도 그들에게 얼마나 기도가 필요한지 각자의 사정은 기억할 수 있네.

다음 주에는 편지를 못 쓰겠네. 시험기간이거든.

_4_

　자네가 언급한 두 가지 어려움 중에 신자들에게 실제로 문제가
되는 건 하나뿐이라고 보네. 다른 하나는, 내 경험상 주로 기독교
를 공격하는 사람들이 제기하는 문제일세.

　그들이 성경을 아는 경우에는 빌립보서의 "너희 구할 것을……
하나님께 아뢰라"[22]는 구절로 공격의 포문을 여는 것이 전형적이
지. 아뢴다는 말이 우리의 기도가 명백하게 모순됨을 분명하게 드
러내 준다는 거야. 전지하신 하나님을 믿는다고 말하면서도 우리
의 기도는 많은 경우 그분에게 뭔가 알려 드리는 내용이라는 거
지. 우리는 하나님의 전지하심을 잊은 채로 기도해선 안 된다고

---

22) 빌립보서 4장 6절.

하신 우리 주님의 말씀을 명심해야 하네. "너희 하늘 아버지께서 이 모든 것이 너희에게 있어야 할 줄을 아시느니라."[23]

이것으로 우리가 주님께 드리는 한 가지 아주 어리석은 종류의 기도는 더 이상 설자리가 없네. 어떤 사람이 병자를 위해 기도하는 것을 들은 적이 있는데, 그 내용은 사실상 진단에 이어 치료방법을 하나님께 거반 알려 드리는 조언이나 다름없었네. 명목상으론 평화를 구하며 기도하지만 기도하는 사람이 신봉하는 평화의 수단에만 관심을 쏟은 나머지 비슷한 실수를 저지르는 모습을 본 적도 있고.

이런 종류의 기도를 배제한다 해도, 불신자의 반론은 여전히 남네. 하나님 앞에서 우리 죄를 고백하는 것은 그분이 우리보다 더 잘 아시는 내용을 말씀드리는 것이 분명하거든. 그리고 모든 청원은 어쨌거나 그분께 무엇인가를 말씀드리는 것 아닌가. 그것이 하나님이 우리의 필요를 아신다는 믿음을 완전히 배제하는 건 아니라 해도 최소한 그분의 주의를 끌려는 시도로 보이는 것은 사실이네. 일부 전통 기도양식을 보면 그런 암시가 분명하게 드러나 있어. "선하신 주님, 우리의 기도를 들으소서.""제 간구하는 목소리에 귀를 기울여 주소서." 이것은 마치, 하나님께 우리의 기도제목을 알려 드릴 필요는 없다 해도 계속해서 되짚어 드릴 필요는 있다

---

23) 마태복음 6장 32절.

는 식으로 들리지 않나? 그러나 절대정신께 주의집중의 등급이 있다거나 그러므로 주의를 기울이지 않는다거나, 망각한다는 것은 도저히 생각할 수 없네. 내가 (다른 모든 것도) 계속 존재할 수 있는 것은 오로지 하나님이 지켜보시기 때문일 테니 말일세.

그렇다면, 기도하는 순간에 우리는 실제로 무엇을 하는 걸까? 이 질문의 대답에 소위 기도 상황에 대한 이해 전체가 달려 있네.

하나님은 언제나 우리를 완전히 아시며, 한결같이 아시네. 싫건 좋건 그것이 우리의 운명이야. 하나님이 우리를 완전히 아신다는 사실은 결코 달라지지 않지만, 우리가 알려지는 정도는 달라질 수 있지. "자유는 자발적 필연이다"라고 주장하는 학파가 있지. 그들의 주장이 옳은지 그른지는 개의치 말게. 나는 그저 그 개념을 비유로 쓰려는 거니까. 통상적으로, 하나님께 알려진다고 할 때 우리는 그 목적상 사물의 범주에 들어가게 되네. 우리는 지렁이, 양배추, 성운星雲처럼 신의 인지 대상이 되는 거야. 하지만 우리가 (a)그 사실을 (일반적 개념이 아니라 현재적 사실로서) 인식하고 (b)우리의 의지를 총동원해 그 일에 동의할 때, 우리는 하나님과의 관계에서 스스로를 사물이 아니라 인격체로 대하게 되네. 우리가 베일을 벗은 거라고 말할 수 있지. 하나님이 꿰뚫어보실 수 없는 어떤 베일이 있었다는 말은 아닐세. 변화는 우리 안에서 일어난 거야. 수동적 존재가 능동적 존재로 바뀐 거지. 가만히 있다가 알려지는 대신, 우리 스스로를 드러내며 보시라고 자신을 내놓는 걸세.

이렇게 우리 자신이 하나님 앞에서 인격적인 자격을 가지고 선다는 생각은 억측과 망상에 불과할 수도 있겠지. 그러나 성경은 그렇지 않다고, 우리에게 그러한 자격을 주신 분이 바로 하나님이시라고 가르치고 있네. 우리가 하나님을 '아버지'라고 부르짖게 하는 주체가 바로 성령이시거든.[24] 베일을 벗음으로써, 그리고 우리 죄를 고백하고 간구하는 바를 '아룀'으로써, 우리는 하나님 앞에서 인격체라는 높은 지위를 갖게 되네. 그리고 그분은 낮아지심으로 우리에게 인격체가 되시지.

하지만 '되신다'고 말해서는 안 되겠지. 그분에게 되심이란 없으니. 그분은 자신을 인격체로 계시하시네. 아니, 그분 안에서 인격인 부분을 계시하시네. 사람이 어떤 하나님을 만나느냐는 그가 하나님을 어떻게 대하느냐에 어느 정도 달려 있기 때문이지. (이렇게 말하는 것이 무모한 감은 있네. 제대로 하자면 몇 장에 걸쳐 단서를 달고 근거를 제시해야 할 거야.) 하나님 안에서 열리는 문은 그 사람이 노크한 문이야. 적어도 나는 그렇게 생각하네. 그분 안에 있는 인격—그분은 한 인격체 이상의 분일세—은 그 만남을 환영할 수 있거나 적어도 직면할 수 있는 사람들을 만나신다네. 우리가 하나님을 '그것'이 아니라 '너'로 부를 때 그분도 우리를 '너'로 대하고

---

24) 로마서 8장 14절-16절 참조.

말씀하시지. (부버Martin Buber [25]는 얼마나 훌륭한지!)

'만남'에 대한 이러한 얘기는 물론 신인동형론神人同形論적 표현이네. 마치 두 사람이 만난 것처럼 하나님과 내가 얼굴과 얼굴을 마주할 수 있다고 표현했으니 말일세. 그러나 실제로 그분은 내 위에, 내 안에, 내 아래, 내 주위에 온통 계시지. 그렇기 때문에 이 표현에다 온갖 형이상학적 신학개념을 추가해 균형을 맞춰야 하는 걸세. 그러나 신인동형론적 이미지들이 우리의 약함을 참작한 궁여지책인 반면 추상개념은 문자적 진리인 양 오해하지는 말게. 둘 다 똑같이 궁여지책이고 각각 오해의 소지가 있으며 두 개념이 서로를 교정해 주는 거니까. "이것도, 저것도, 그것도 당신이 아닙니다"라고 끊임없이 되뇌며 가볍게 받아들이지 않는다면 추상개념은 치명적인 해악을 가져 올 수 있네. 지고至高의 생명에게서 생기를 앗아 가고, 지고의 사랑을 비인격적인 존재로 만들어 버릴 거야. 유치한 이미지가 끼칠 수 있는 피해는 주로 불신자들의 회심을 막는 방해물이 될 수 있다는 거지. 그러나 아무리 유치한 이미지라도 신자들에게는 아무런 해도 끼치지 않네. 하나님 아버지에게 정말 턱수염이 있을 거라고 믿다가 멸망한 영혼이 있는가?

"우리의 필요나 소원이 얼마나 중요해야 하나님 앞에서 **올바른 청원감**이 되는 걸까?" 자네의 이런 질문은 경건한 사람들을 넘어

---

25) 1878~1965, 독일의 유대계 종교철학자. 《나와 너 Ich und Du》의 저자.

뜨리는 걸림돌이 될 수 있을 것 같네. 여기서 올바른이란 '불경하지 않은'이나 '어리석지 않은'의 뜻이거나 둘 다를 뜻하는 것으로 보이네.

이 질문에는 사실 두 가지 내용이 포함되어 있는 듯해.

1. 우리가 바라는 대상이 얼마만큼 중요해야 진지한 관심사로 여겨도 범죄나 어리석은 일로 치부되지 않을까? 보다시피 이것은 옛 저술가들이 우리의 '상태frame', 즉 우리의 '마음상태frame of mind'라 부른 것에 대한 물음이네.

2. 그런 진지한 관심사가 우리 마음에 있다고 가정한다면, 그것을 언제 기도로 하나님 앞에 올바르게 내어 놓을 수 있을까?

우리 모두 첫 번째 질문에 대한 이론적 해답은 알고 있네. 우리는 아우구스티누스가 말한 '균형 잡힌 사랑ordinate loves'을 목표로 삼아야 하네. 가장 중요한 것들에 우리의 가장 깊은 관심이 향하고, 두 번째로 중요한 것들에 그 다음 관심이 향하고. 그렇게 해서 결국엔 관심이 없는 부분에까지 내려가야 할 거네. 즉, 전혀 선하지 않거나 선의 수단이 아닌 것들에 대해서는 전적으로 무관심해지는 데까지 이르러야겠지.

그러나 우리가 알고 싶은 것은, 우리가 완전한 존재라면 어떻게 기도할 것인가가 아니라 지금의 모습 그대로에서 어떻게 기도해야 하는가 일세. 기도를 '베일 벗기'로 보는 내 생각을 받아들였다면, 이 질문에 대한 답은 이미 나와 있을 걸세. 실제로는 마음이 B

에 대한 소원으로 가득 차 있는데 허울뿐인 간절함으로 하나님께 A를 구하는 것은 아무 소용이 없다는 거지. 우리는 우리 속에 있어야 마땅할 것이 아니라, [현재] 우리 속에 있는 것을 하나님 앞에 내놓아야 하네.

친한 친구와 대화하면서 정작 마음은 딴생각으로 가득하다면 친구에게 못할 짓 아닌가. 게다가 그 친구는 얼마 지나지 않아 사태를 알아차리게 될 걸세. 몇 년 전 자네도 내가 큰일을 당했다는 걸 눈치 채지 않았는가. 나는 아무 문제도 없는 것처럼 말하려 했지. 하지만 자네는 5분 만에 꿰뚫어보더군. 그제야 나는 사정을 털어놓았고. 그때 자네가 한 말은 문제를 숨기려 했던 나를 부끄럽게 만들었네.

하나님 앞에 내놓는 우리의 소원이 모두 회개해야 할 죄인지도 모르네. 하지만 그 사실을 확인하는 가장 좋은 방법 역시 그것을 하나님께 내놓는 것이네. 그러나 자네의 질문은 그런 악한 소원에 대한 것이 아니었어. 그보다는, 본질적으로는 죄가 아니지만 그 대상의 가치에 걸맞지 않게 지나치게 원할 경우 죄가 되는 소원에 관한 것이지. 그런 소원이 머리에서 떠나지 않는다면 기도할 때도 빠뜨려선 안 되네. 그 기도의 내용은 청원일 수도 있고 회개일 수도 있겠지. 아니면 지나친 소원에 대한 회개와 청원이 버무려질 수도 있네.

그런 소원을 기도에서 억지로 빼 버린다면, 나머지 기도는 전부

엉망이 되지 않겠나? 모든 것을 솔직히 말한다면, 하나님께서 우리의 지나침을 조절할 수 있도록 도우실 걸세. 그러나 우리가 무언가를 떨쳐 내려고 노력할수록 그것은 우리를 짓눌러 우리의 주의를 절망적으로 흩어 놓지. 누군가가 한 말도 있지 않나. "듣지 않으려고 애쓰는 소음만큼 크게 들리는 소리도 없다."

균형 잡힌 마음상태는 기도로 구해야 할 축복 중 하나이지 기도할 때 입어야 하는 멋진 의상이 아니라네.

그리고 작은 시련 속에서 하나님을 찾지 않는 사람은 큰 시련이 닥칠 때 도움이 될 **습관**이나 방책을 익히지 못할 것이고, 하나님께 유치한 것들을 구하지 않는 사람은 큰 것도 구하지 못할 걸세. 지나치게 고상해서는 안 되네. 때로 우리가 작은 일들로 기도하지 않는 이유는 하나님의 위엄 때문이 아니라 우리의 체면 때문일 듯싶네.

5

주기도문의 청원 내용에 대한 내 나름의 부연 설명을, 그러니까 "나의 장식festooning에 대해 좀더" 말해 달라는 자네 요청이 썩 내키진 않지만 승낙하겠네. 대신 두 가지 조건이 있어. 첫째, 자네도 자네의 장식 중 일부를 말해 주게. 둘째, 내 장식을 결코 자네나 다른 누구에게 **권하는** 것이 아님을 이해해야 하네. 더 나은 장식도 많이 있을 것이고, 현재 나의 장식도 머잖아 달라질 가능성이 아주 높으니 말일세.

내가 '장식'이라고 부르는 이유는 각 청원의 명백하고 공적인 의미를 훼손하지 않으면서 그 위에 붙어 있기 때문일세.

"이름이 거룩히 여김을 받으시오며"에 어떤 장식을 붙이는지는 두 주 전 보낸 편지에 이미 썼으니 생략하겠네.

나라가 임하시오며. 하나님의 통치가 그곳에서 실현된 것처럼 이곳에서도 실현되게 해 달라는 기도네. 나는 **그곳**에 대해 세 가지로 이해한다네. 첫째, 동물과 인간의 처참한 삶 너머 죄 없는 세계, 별들과 나무와 물의 움직임, 일출과 바람이네. **이곳**(내 마음)에도 그와 같은 아름다움이 시작되기를. 둘째, 내가 아는 최고의 사람다운 삶, 자기 짐을 묵묵히 감당하며 진실만을 말하는 모든 사람의 삶, 정말 좋은 가족들과 훌륭한 교회에서 볼 수 있는 평온하면서도 바쁘고 질서 잡힌 생활. 그것도 '이곳'에 있기를. 셋째, 일반적인 의미의 천국, 안식 중인 성도들의 상태이네.

이곳 역시 '내 마음 속'뿐만 아니라 '이곳 학교', 잉글랜드, 전 세계가 다 해당될 수 있네. 그러나 기도는 우리가 좋아하는 사회적, 정치적 만병통치약을 요구하는 시간이 아닐세. 빅토리아 여왕마저도 "공식 업무와 관련된 이야기만 듣는 걸" 싫어했네.

뜻이 이루어지이다. 이 부분에 대한 내 장식은 시간을 두고 조금씩 덧붙여졌네. 처음에 나는 이 청원이 오직 순종을 의미한다고 여겨서, 우리 주님이 겟세마네에서 하셨듯 그렇게 기도하려고 했어. 하나님의 뜻이란 순전히 내게 부과된 그 무엇이며, 주어지는 대로 감수할 수밖에 없는 것이라고 생각한 거지. 또 그 뜻이 나의 고통과 실망을 거치며 이루어진다고 생각했다네. 물론 나를 향한 그분의 뜻이 불쾌한 것 일색이라고 생각한 건 아니네. 아니고말고. 다만 미리부터 이런 순종의 자세를 갖추어야 불쾌한 일들을 감당할 수 있다고 생각한 거지. 유쾌한 일들이야 준비 없이 맞아도 큰 문제가 없지 않은가. 그런 일이 생기면 감사하면 되니까.

이런 해석이 가장 일반적일 게야. 그래야 마땅하고. 인생에는 참으로 불행이 많으니 불행에 대해 깊이 생각하는 게 당연하지 않겠나. 그런데 때로는 여기에다 다른 의미를 덧붙일 수 있네. 그래서 나도 하나를 첨가했다네.

그리스어나 라틴어보다는 영어 번역에서 그 근거가 훨씬 더 분명하게 나타나지만 무슨 상관인가. 이런 데서 창식의 자유를 마음껏 누려 보는 거지. "뜻이 **이루어지이다.**" 그러나 하나님의 뜻을 이루는 일은 많은 경우 나를 포함한 하나님의 피조물들의 몫이야. 그렇다면 이 간구는 우리가 수동적인 태도로 하나님의 뜻을 감내하는 데에서 더 나아가 그것을 열심히 행하게 해 달라는 뜻으로 읽을 수 있을 걸세. 내가 행위 대상인 동시에 행위 주체가 되어야 하니 하나님의 뜻을 행할 수 있는 힘을 달라고 구하는 거야. 그렇게 하다 보면 결국은 "그리스도 예수의 마음"[26]을 구하게 된다네.

이렇게 생각하면, 이 구절에서 매일 적용할 거리를 발견하게 되지. 가까운 장래에 늘 커다란 역경이 기다리는 건 아니고, 그런 역경을 우려할 만한 근거가 늘 있는 것도 아니지만, 당장 이행해야 할 의무들은 언제나 있게 마련이거든. 내 경우엔 이 구절을 가지

---

26) 빌립보서 2장 5절.

고 기도하면서 평소 소홀히 여기던 일들을 챙기게 된다네. "뜻이 **이루어지이다,** 지금, 내 손으로." 이렇게 기도하면 지금 내가 처리해야 할 문제로 관심을 돌리게 되지.

하지만 이보다는, 이제 막 생각난 새로운 장식에 대해 얘기하겠네. 이것이 별 쓸모 없는 착상이라고 생각된다면 나중에 말해 주게. 우리는 미래의 역경뿐 아니라 미래의 축복도 순종의 태도로 준비해야 한다는 생각이 들어. 두서없는 말 같겠지만 잘 생각해 보게. 하나님이 주시는 좋은 것이 우리가 기대했던 바와 다르다는 이유로 토라져서 거절할 때가 얼마나 많은가. 무슨 뜻인지 이해하겠나? 우리는 종교적 체험이나 미각적, 성애적, 심미적, 사회적 경험 등 삶의 모든 면에서 완벽해 보이는 특정 경우만을 되풀이해서 이야기하고 표준으로 삼았지, 그것과 비교해서 떨어져 보이는 다른 모든 경우는 업신여겨 왔네. 그러나 우리가 마음을 열기만 한다면 그런 경우들 속에서도 새로운 축복을 얼마든지 찾을 수 있을 거라고 생각하네. 하나님께서 영광의 새로운 측면을 보여 주시는데 우리는 그걸 거부하며 옛날 것만 찾는 거야. 물론 우리는 그것을 얻지 못하지. 〈리시다스 *Lycidas*〉[27]를 열두 번째 읽으면서 처음 읽던 때의 감동을 다시 느낄 것이라고 기대할 수는 없네. 그렇지만 열두 번째 나름의 감동을 받을 수 있는 거야.

---

27) 밀턴이 친구 에드워드 킹의 죽음을 애도하며 쓴 시.

이 점은 특히 경건생활에도 해당하네. 많은 종교인들이 회심했을 때의 첫 열정이 사라졌다고 한탄하지. 그들은 그 이유가 자신의 죄 때문이라고 생각한다네. (물론 그럴 때도 있지만 늘 그런 건 아니네.) 그래서 황금 시절을 되살려 보려고 처량 맞은 노력을 기울이기도 하지. 하지만 당시의 열정—여기서 핵심 단어는 **당시**일세—이 계속 지속되는 게 맞을까?

하나님이 **절대** 들어주시지 않는 기도도 있다고 말하는 건 경솔하겠지만, 그래도 가장 그럴 만한 강력한 후보를 꼽자면 **앙코르**encore라는 말로 표현될 법한 기도일세. 무한자가 어떻게 같은 것을 되풀이하시겠는가? **한 번씩만** 당신을 표현하시기에도 하나님께는 시공간 전체가 너무 작다네.

우리가 과거의 황금 같은 순간을 표준으로 삼으려 할 때는 괴로움을 겪을 따름이지만, 그것들을 있는 모습 그대로 추억으로 삼고 만족할 때는 훌륭한 양분이자 유익을 주는 매력덩어리가 되어 돌아온다는 점에서 이 모든 상황은 희극이 될 수도, 비극이 될 수도 있네. 과거 적당한 자리에 놓아두고 다시 불러오려는 비참한 시도를 하지 않을 때, 그것들은 절묘하게 자라날 걸세. 알뿌리를 그냥 내버려 두면 새로운 꽃이 올라온다네. 하지만 캐내서 만지작거리고 냄새를 맡아 대며 작년에 핀 꽃을 얻고자 하면 아무것도 얻지 못할 걸세. "한 알의 밀이…… 죽지 아니하면……"[28]

일용할 양식을 구하는 기도에 대해서는 우리 모두 같은 해석을 내릴 거라고 보네. 일용할 양식이란 하루를 사는 데 필요한 모든 것을 뜻하네. "영혼뿐 아니라 몸에도 꼭 필요한 것들"[29]을 의미하지. 나는 '영적' 필요만 생각해서 이 구절을 '순전히 종교적으로' 만드는 건 딱 질색이야. 이 간구는 버너비John Burnaby[30]가 순진한 견해라고 부른 기도관[31]이 우리 주님의 가르침에 굳게 뿌리박고 있음을 날마다 기억하게 해 준다네.

우리가……사하여 준 것같이 우리 죄를 사하여 주시옵고. 불행히도 이 부분에는 다른 장식을 더할 필요가 없네. 당장 용서하는 것은 어렵지 않지. 하지만 계속해서 용서하는 것, 상대의 잘못이 기억날 때마다 재차 용서하는 것, 그것은 정말 어려운 싸움인 것 같아. 이럴 때 나는 내가 분개하고 있는 상대와 똑같은 행동을 한 적이 없는지 내 안에서 찾아본다네. A가 나를 실망시킨 것 때문에 계속 기분이 나쁘다면, 내가 B를 실망시켰던 사실도 기억해야겠지. 학창시절 나를 괴롭혔던 이들을 용서하기 어렵다면, 바로 그 순간, 내가 괴롭혔던 사람들(물론 우리는 그것을 **괴롭힘**이 아니라 다

---

28) 요한복음 12장 24절.
29) 《기도서》 중 〈아침기도〉에 나오는 구절.
30) 1899-1991, 영국의 신학자.
31) 여섯 번째 편지에 언급되는 비들러Alec Vidler 박사가 편집한 책 《수심측량 Soundings》에 실린 "그리스도인의 기도"라는 글에서 버너비는 이렇게 말했다. "현재로선, 사도교회가 기도할 때 얼마나 천진난만하고 소박했는지 지적하는 것으로 충분하다. 사도 바울에게 모든 세상 염려의 해결책은 '모든 일에 대해' 구할 것을 하나님께 아뢰는 것이었다.

른 이름으로 부르지. 바로 이 부분에서 말없는 기도를 유용하게 사용할 수 있네. 말없는 기도에서는 이름이 없으니 가명도 없지)을 기억하고 그들을 위해 기도하는 거야.

우리를 시험에 들게 하지 마시옵고. 나는 이 구절 때문에 걱정해 본 적이 없지만 내게 편지를 보내 온 많은 사람들은 달랐네. 그들은 이 간구를 통해 소위 '악마 같은 하나님 개념'을 떠올리는 것 같았어. 그러니까 어떤 열매를 금지한 후에 그것을 맛보라고 유혹하는 존재로 느끼는 거야. 하지만 여기서 시험에 해당하는 그리스어(페이라스모스πειρασμός)는 온갖 종류의 '시련', 즉 '괴로운 상황'을 뜻하네. 영어의 '유혹'보다 훨씬 의미가 넓은 거지. 그러니 이 간구는 본질적으로 이런 의미라고 볼 수 있네. "우리의 길을 곧게 하소서. 가능하다면 유혹이건 고통이건 모든 위기를 면하게 해주소서." 그건 그렇고, 자네가 까맣게 잊어버렸나 보군. 몇 년 전 코튼의 카페에서 자네가 이미 이 부분에 관해 탁월하게 설명하지 않았나. 이 간구는 앞서 드린 모든 기도에, 일종의 유보조항으로 첨부하는 것과 같다고 말이야. 즉 "제가 무지하여 A, B, C를 간구했습니다. 하지만 그 간구들이 제게 불행의 원인이나 덫이 될 것임을 앞서 내다보신다면 그것들을 허락하지 마소서"라고 말하는 것과 같다는 거지. 그러고 나서 자네는 유베날리스 Juvenal[32]의 시

---

32) 60-140, 로마의 풍자시인.

구를 인용했네. "하늘이 들어주면 큰일 날 터무니 없는 기도들 *numinibus vota exaudita malignis.*" 실제로 우리는 그런 기도를 많이 하지 않는가. 내가 평생에 걸쳐 드린 모든 어리석은 기도를 하나님이 다 들어주셨다면 지금 나는 어디에 있겠나?

나라와 권세와 영광. 나는 이 구절을 자주 사용하지는 않네. 기도 속에 이 부분을 넣을 때는 **나라**를 법적*de jure* 주권의 의미로 생각한다네. 설령 하나님께 아무 힘이 없다 해도 그분은 내게 순종을 요구하실 수 있다는 뜻이지. **권세**는 실질적*de facto* 주권을 말하네. 그분의 전능하심을 의미하지. 그리고 **영광**은 글쎄, 영광이지 뭐겠나. "너무나 오래된, 그러면서도 새로운 아름다움"[33], "태양 너머에서 오는 빛."[34]

---

33) 아우구스티누스의 《고백록》에 나오는 구절.
34) 찰스 윌리엄스의 시 〈탈리에신의 소명*The Calling of Taliessin*〉에 나오는 구절.

6

일용할 양식을 구하는 청원을 너무 '종교적'으로 만들지 말라고 말했을 때 내가 정확히 뭐라고 했는지는 기억이 안 나는군. 그리고 그사이 '비들러의 제자'가 됐냐는 자네의 얄궂은 질문도 잘 이해 못하겠네!

비들러 얘기를 해 보자고. 나는 세상을 떠들썩하게 했던 그 프로그램[35]을 듣지 못했네. 그러니 신문에 인용됐다고 해서 비난할 수는 없다고 생각했네. 그런데 《수심측량》에 실린 비들러의 에세이를 읽어 보니 자네보다는 동의할 만한 부분이 훨씬 많다는 생각이 들었네. 그가 모리스F. D. Maurice[36]와 본회퍼Dietrich

---

35) 1962년 11월 4일, 비들러 박사가 출연한 BBC 라디오 프로그램.
36) 1805-1872, 기독교 사회주의 운동의 창시자 중 한 명.

Bonhoeffer[37]의 글에서 발췌한 인용문은 대부분 좋았고 영국성공회를 옹호하는 논증도 훌륭하다고 보네.

어쨌건 나는 하나님과 이웃을 사랑하려 애쓰는 사람이 **종교**라는 단어를 싫어하게 될 수밖에 없는 이유를 충분히 이해하네. 종교라는 말은 신약성경에 나오지도 않거든. 뉴먼John Henry Newman[38]의《교구민을 위한 평이한 설교집*Parochial and Plain Sermons*》에서는 천국과 교회가 "최고의 단일 주제인 종교에 집중하게 되는 곳"이라는 점에서 공통적이라고 했지만, 나는 그 말에 소름이 끼쳤다네. 그는 새 예루살렘에는 성전이 없다는 사실을 잊어버린 거야.

뉴먼은 하나님을 **종교**로 대체했네. 그것은 항해가 도착을, 전투가 승리를, 구애가 결혼을 대신한 꼴이며, 수단이 목적을 대신한 것이라 할 수 있어. 그러나 현실생활에서도 **종교**라는 개념 자체에 위험요소가 들어 있네. 종교라는 단어가 삶의 또 한 영역department, 즉 경제적, 사회적, 지적, 오락적 영역과 기타 모든 영역에 덧붙여진 여분의 영역이라는 인상을 주거든. 그러나 삶 전체를 무제한으로 요구하는 종교가 삶의 한 영역에 머물 수는 없네. 종교는 환각 아니면 삶 전체를 포괄하는 것, 둘 중 하나이지. 우리에게 종교와

---

37) 1906-1945, 독일의 신학자. 히틀러 암살계획에 동참했다가 처형당했다.
38) 1801-1890, 영국의 신학자이자 저술가. 영국성공회의 사제로 있다가 로마가톨릭으로 개종하여 후에 추기경에 오름.

관계없는 활동이란 없네. 종교적 활동과 반反종교적 활동만 있을 뿐이야.

그럼에도 종교가 한 영역으로 존재하는 듯하고, 그 자체로 번성한 시기도 있었네. 그것이 번성한 부분적인 이유는 많은 사람들 속에 '종교의식을 사랑하는 마음'이 있기 때문일세. 시몬느 베유 Simone Weil[39]는 이런 마음을 그저 타고난 취향 정도로 여겼는데, 나도 그 판단이 옳다고 보네. (다른 분야에서처럼) 종교단체에 대한 애호심도 존재하지(비들러는 이게 많은 사람 같네). 게다가 온갖 심미적, 감상적, 역사적, 정치적 이해관계도 얽혀 있다네. 자선바자회, 교구 잡지, 산타클로스는 또 어떻고.

이런 것이 나쁘다는 건 아니야. 다만 소위 세속적이라고 하는 활동보다 영적인 면에서 더 가치가 있다고 말할 수는 없다는 거지. 이 점을 간파하지 못하면 이것들이 큰 위험요소로 작용할 수 있네. '신성한'이라는 딱지가 붙은 것은 그 자체가 목적이 될 수 있기 때문이지. 하나님과 이웃을 가리는 우상이 되는 거야. ("수단이 자율화되면 치명적인 해를 가져온다."[40]) 우리 삶에서 종교적이라 여겼던 영역 바깥에서 가장 순전한 기독교적 행동이 일어날 수도 있네.

---

39) 1909-1943, 프랑스의 사회철학자이자 신비주의자.
40) 찰스 윌리엄스의 책《*Taliessin through Logres*》에서 인용

어느 종교 신문에서 이런 글을 읽었네. "아이들에게 성호 긋기를 가르치는 것보다 더 중요한 일은 없다." 정말 없나? 그럼 자비나 진실, 정의는? 적이 다른 데 있는 게 아닐세*Voila l'ennemi*.

하지만 주의해야 하네. 삶의 한 영역으로서의 **종교**는 존재 근거가 없다는 말에는 오해의 소지가 있기 때문이야. 어떤 부류의 사람들은 이 부조리한 영역을 아예 없애야 한다고 결론을 내릴 수도 있네. 진리에 좀더 다가간 두 번째 부류는 종교가 더 이상 한 영역에 한정되지 않고 삶 전체로 확대되어야 한다고 생각하겠지만 이 지점에서 또 다른 오해를 드러낼 걸세. 즉, 삶 전체로 확대된 종교란 '기도로 시작하는' 세속적 업무와 모든 대화를 가득 채우는 따분하고 노골적인 경건주의, 그리고 케이크나 맥주와의 결별을 의미한다고 생각할 거야. 하나님이 아직 삶의 매우 작은 부분만 다스리실 뿐인데 '삶의 한 영역으로서의 종교'란 아무 유익이 없음을 알고 있는 세 번째 부류의 사람들은 그래서 오히려 절망할 수도 있지. 그들에게는 '아직 일부part에 불과함'이 언제까지나 한 영역을 벗어나지 못한다는 의미가 아니라는 설명을 해 줄 필요가 있네. 하나님은 '아직' 우리 모두의 한 부분만을 차지하고 계시네. D-데이는 이제 막 지났지. 지금까지 노르망디에서 탈환한 지역은 유럽의 작은 부분에 불과해. 저항은 치열하고 사상자는 많고 결과는 불확실하다네. 우리 안에 하나님의 영역과 적의 영역이 있고, 그 사이에 경계선이 있음을 인정해야 하네. 그러나 바라건대 그것은 협정에 따라 확정된 국경이 아니라 계속해서 밀고 올라가야 할 전선戰線이네.

그러나 비들러가 진짜 오해한 내용은 다른 것이라고 봐. 지금까지 나는 **종교**를 일종의 행동유형으로 말했네. 이런 의미에서의 종교가 영역화된 상태로 안주한다면 사실 기독교와는 아무 상관이 없다고 봐야겠지. 그러나 사람들은 하나의 신념체계로 **종교**를 쓸 때가 더 많네. 그래서 비들러가 "덜 종교적인" 교회를 원한다고 말했을 때, 사람들은 그것을 자유주의 신학이 "단번에 받은 믿음"에 대해서 남겨 두었던 조금—아주 조금—의 여지마저도 비워 버려야 한다는 뜻으로 받아들였네. 그래서 누군가가 이렇게 물어본 걸세. "그 사람 하나님 믿는 거 맞아?"

글쎄, 비들러는 하나님을 믿는 게 분명하네. 일부 기독교 교리도 유지하길 원하지. 나는 그의 진심을 의심하지 않네. 그러나 비들러는 기독교 교리의 많은 부분을 당장에라도 폐기할 준비가 되어 있네. 그는 "전통 교리들"을 시험대 위에 올리길 바라지. 그중 많은 내용이 "벗어 버려야 할 껍데기"거나 "소중한 옛 표현이나 동화 정도로 남아야 할 유물"이라는 걸세. 비들러는 이런 식의 막연한 폐기작업을 매우 만족스럽게 여긴다네. 성령이 지속적으로 인도하신다고 믿기 때문이지. 물론 고상한 믿음이지만 이 믿음이 성립되려면 우선 성령 같은 존재가 있어야겠지. 하지만 비들러의 전제에 따르자면 성령의 존재 자체도 언제 벗어 버리게 될지 모르는 "전통 교리들" 중 하나가 아닌가. 비들러가 "사실"이라 부르는 교리, 즉 인간은 "정치적 존재이자 영적 존재인 이중적 피조물"이라는 교리도 마찬가지일세. 비들러와 자네와 나(그리고 플라톤)는 이것이 사실이라고 생각하지만 수만 명, 어쩌면 수백만 명의 사람들은 공상이라고 생각한다네. 그러고 보니 '전통 교리'가 그나마 중립적인 표현이군. 비들러는 성령의 존재와 인간의 영적 특성이라는 이 두 교리—왜 굳이 이 두 가지일까?—가 다른 교리들과는 달리 거부당할 위험이 없는, 자기 신념의 핵심이라고 생각하는 걸까, 아니면 그 책의 제목이 암시하는 것처럼 자신은 그저 '수심측량'만 하고 있는 거라고 생각하는 걸까. 그러다가 줄이 충분히 길지 않아 바닥에 닿지 않으면, 수심측량은 수심을 모른다는 사실만 알려줄 뿐이라고 둘러댈 작정일까?

나는 **우리 죄를 사하여 주시옵고**에 대해 자네가 한 말에 관심이 있네. 물론 용서를 구해야 할 일이 분명한 경우도 많지. 그럴 땐 일이 무척 간단하네. 하지만 자네도 그렇듯 나 역시 그런 경우보다는 다루기 어려운 두 가지 상황 중 하나에 처할 때가 종종 있네. 하나는 막연한 죄책감이고, 다른 하나는 교묘하지만 역시 막연한 자부심일세. 이것들을 어떻게 처리해야 할까?

현대의 많은 심리학자들이 막연한 죄책감을 순전히 병적인 감정 정도로 여기며 믿지 말라고 하네. 그 정도 선에서 그친다면 그 말을 믿어 줄 수도 있겠지. 하지만 모든 죄책감에 그런 방식을 적용해서 구체적으로 드러나는 불친절한 행동이나 위선에 대한 죄책감 역시 믿지 말라는 소리엔 절로 고개를 흔들게 되더군. 그것이 허튼소리라는 건 여러 사람들을 만나 보면 알 수 있네. 나는 죄책감을 느껴야 마땅한 상황에서 죄책감을 느끼는 사람들과 대화를 나눠 봤어. 그들은 자신이 짐승처럼 행동했다는 걸 알고 있었네. 그런가 하면 죄책감을 느끼고는 있지만 내가 가진 어떤 기준으로 봐도 잘못을 찾을 수 없는 사람들도 만나 봤네. 그리고 분명 잘못한 게 있는데도 죄책감을 느끼지 않는 사람들도 있었지. 이건 늘 보는 상황 아닌가? 건강하면서도 병이 들었다고 생각하는 심기증心氣症 환자들malades imaginaires도 있고, 폐병환자들처럼 병이 들었으면서도 자신은 건강하다고 착각하는 사람들도 있네. 그래도 병에 걸렸을 때 자신이 아프다는 걸 아는 세 번째 부류가 대다수를 차지하지. 어떤 영역에서건 모두가 한 방향으로만 실수를 저지른다면 정말 이상할 거야.

어떤 그리스도인들은 뭔가 구체적인 죄를 찾을 때까지 계속 뒤지고 긁으라고 말한다네. 그러다 보면 그 죄책감에 이유가 있었음을 확증해 주거나, 아무 문제도 없다는 생각을 뒤엎기에 충분한 진짜 죄들을 찾게 된다는 거지. 충분히 오래 뒤지면 뭔가를 찾거나 적어도 찾았다고 느낄 거라는 말은 옳다고 보네. 그러나 그렇기 때문에 오히려 의심스럽네. 어떤 경험으로도 반증될 수 없는 이론은 그렇기 때문에 실증되기도 어려운 법이지. 유혹에 넘어가는 그 순간에는 그동안 죄라고 여겼던 것을 부인하고 싶어지지 않던가. 그와 비슷하게, 자기 잘못을 계속 뒤지다 보면 평소에는 잘못이 아니라고 (제대로) 생각했던 느낌이나 행동도 다시 보니 잘못이었다고 자신을 세뇌하게 되지 않겠나? 막연한 죄의식이 생겨날 수 있는 거야. 그런 죄의식은 안 좋은 걸세. 그것은 우리가 행해야 할 실제 의무에 집중하지 못하도록 방해하기 때문이네.

내 생각이 맞는지는 모르겠지만, 아무튼 나는 죄책감이나 자부심에 대해 내가 직접 **할** 수 있는 일은 없다고 결론 내렸네. 어느 쪽도 믿어선 안 돼. 사실, 안개를 어떻게 믿을 수 있겠나? 사도 요한의 말에 귀 기울여 보세. "우리 마음이 혹 우리를 책망할 일이 있어도 하나님은 우리 마음보다 크시고."[41] 마찬가지로, 설령 우리 마음이 우리를 치켜세운다 해도, 하나님은 우리 마음보다 크신 분이네. 가끔 나는 총체적인 자기 인식self-knowledge 대신 당장 감당하고 사용할 만큼의 자기 인식만을 구하게 된다네. 매일 조금씩 하루분만.

총체적 자기 인식이 주어진다 해도 과연 우리에게 유익할까? 아이들이나 바보들에겐 반쯤 끝난 일을 보여 줘선 안 된다고 하지 않나. 그런데 우리는 아직 반도 완성되지 못한 사람들 아닌가. 지도교수가 자기가 맡은 학생이 어느 단계에 있건 상관없이 자신이

---

41) 요한일서 3장 20절.

파악한 그 학생의 자질을 솔직히 말해 주는 것은 현명치 못한 처사라는 데에 자네도 동의할 걸세. 그 학생에게는 다음에 해야 할 일을 알려 주는 것이 훨씬 더 중요하다네.

이런 얘기를 공석에서 한다면 모든 프로이트주의자들의 지지를 받을 걸세. 우리가 그들에게 큰 빚을 진 것은 분명해. 세상이 시작되었을 때부터 줄곧 우리가 정말 유용한 자기 인식을 회피해 왔음을 그들은 폭로해 주었지. 그러나 자아에 대한 그야말로 병적인 호기심—현대 심리학의 병폐야—도 있다네. 그것이 도대체 무슨 유익이 있는가? 미완성의 그림이 자의식을 가지고 있다면 화폭에서 튀어나와 제 모습을 보고 싶은 마음이 굴뚝같을 거야! 하지만 분석이 그런 병적인 호기심을 치료하진 못하네. 자네나 나나 정신분석을 받은 이후 스스로를 평생 동안 조사대상으로 만들어 버린 사람들을 알고 있잖나.

내 생각이 옳다면 결론은 이걸세. 우리의 양심이 당면문제를 다루지 않고 애매하게 잘못을 지적하거나 잘했다고 칭찬하기만 한다면, 허버트George Herbert[42]처럼 양심을 향해 "조용히 해, 수다쟁이야"라고 말하고 앞으로 나아가야 하네.

---

42) 1593~1633, 영국의 시인.

7

Letters
Malcolm

지난번 편지에서 자네가 한 말이 청원기도—자네 표현을 빌리자
면 하나님께 바깥세상의 특정 사건을 '손 봐' 달라고 요청하는 기
도—라는 개념 자체를 없애고 참회와 경배로만 기도를 국한할 수
있다는 뜻이었다면, 나는 동의할 수 없네. 기독교의 가르침이 그
런 것이라면 기독교는 분명 지적으로 훨씬 쉬운 종교가 될 거야.
그렇게 되면 기독교가 더 고상해질high-minded 거라고 생각하는
사람들도 이해할 만하네. 하지만 "여호와여 내 마음이 교만하지
아니하고Lord, I am not high minded"[43]라는 시편 말씀을 기억해
보게나. 아니, 신약성경을 생각해 보는 게 더 낫겠군. 신약성경은

---

43) 시편 131편 1절.

가장 노골적인 청원기도를 가르치고 본까지 제시하고 있으니 말이야. 겟세마네에서 우리 주님은 청원기도를 하셨지(그리고 요청한 바를 얻지 못하셨네).

자네는 주님이 "나의 원대로 마옵시고 아버지의 원대로 하옵소서"[44]라는 단서를 달고 기도하셨다는 점을 지적하고 싶겠지. 이 단서조항이 붙으면 엄청나게 큰 차이가 생기니 말일세. 하지만 그 차이가 아무리 크다 해도 그분 기도에서 청원적 성격이 없어지는 것은 결코 아닐세. 가난한 빌이 100파운드를 빌려 달라면서 이런 말을 덧붙였다고 해 봐. "여유가 있으면 빌려 달라는 거네. 빌려 줄 수 없다 해도 충분히 이해하겠네." 이 말 때문에 그의 부탁은 끈질긴 요청이나 또는 위협에 가까운 요청과는 다른 것이 되겠지. 하지만 요청은 요청이네.

종은 주인보다 크지 못하고[45] 더 고상해서도 안 되네. 이론적 난점이 무엇이건 간에, 우리는 계속해서 하나님께 구해야 하는 걸세. 그리고 이 점에서는 청원기도가 가장 저속하고 본질에서 벗어난 기도라고 자꾸 일깨우는 사람들은 전혀 도움이 안 된다네. 그들의 말이 맞을지도 모르네. 하지만 그래서 어쨌다는 건가? 다이아몬드가 연수정보다 훨씬 값진 것이긴 하지만 분명히 존재하는

---

44) 마태복음 26장 39절.
45) 요한복음 13장 16절 참조.

연수정을 무시해서는 곤란하네.

어쨌거나 겁먹을 건 없네. 청원기도에 대한 항간의 반론이 일부 타당하다고 해서 청원기도를 그만둬야 한다면, 세상이 시작된 이래로 인류가 줄곧 해 왔고 지금도 하고 있고 앞으로도 계속하게 될 다른 여러 일들도 마찬가지로 그만둬야 할 걸세. 특별히 우리만 그 반론들에 대답할 부담을 져야 하는 게 아니란 얘기네.

예를 들면, 과학적 세계관에 내재해 있는 듯한 결정론 Determinism[46]도 마찬가지야. 이름은 달리 부를 수도 있지. 결정론은 인간의 행동이 존재한다는 걸 부정하지 않네. 다만 우리의 행동이 궁극적으로 우리 자신에게서 나온 것이라는 무의식적인 자각을 착각이라고 말하며 거부하는 거지. 내가 '내 행동'이라 부르는 것이 사실은 도관導管에 불과하다는 거야. [결정론에 따르면 우주 초기 조건에 의해 이미 결정된] 우주의 흐름이 관을 통해, 정해진 시간과 장소에 지나간다는 거네. 그렇다고 해서 우리 몸의 '자발적' 움직임과 '반사적' 움직임의 차이가 없어지지는 않지만 (이 견해에 따르면) 그 차이는 우리가 생각했던 것과는 좀 다른 것이라네. '반사적' 움직임은 몸 바깥의 물리적 원인이나 몸속의 병리적 또는 신체적 작용으로 인해 필연적으로 생겨난다는 거야. '자발적' 움직임은 의식적이고 심리적 요인에서 생겨나는데, 이 의식적이

---

46) 세상의 모든 일이 일정한 인과관계에 따라 정해진다는 주장.

고 심리적인 요인은 무의식적인 심리적 요인에서 나오고, 무의식적인 요인은 나의 경제적 상황, 태아기와 유아기의 경험, 유전…… 그리고 더 거슬러 올라가 유기체가 시작된 시점과 그 너머의 원인에 의해 좌우된다는 거네. 즉, 나는 원천이 아니라 일종의 도관이라는 걸세. 나는 우주의 흐름에 독창적인 공헌을 하지 않지. 그 흐름 안에서 내가 움직이는 모습은 강물에 떠내려가는 나무토막이 아니라 강물에 섞여 흘러가는 한 바가지 물이라고 할 수 있지.

하지만 이렇게 믿는 사람들 역시 다들 식탁에 앉아서는 옆 사람에게 소금 좀 건네 달라고 말하지. 그들은 말뿐만 아니라 모든 형태의 행동을 여전히 계속할 수 있고 또 앞으로도 그렇게 할 걸세. 엄격한 결정론자가 하나님을 믿게 된다 해도 (나는 그럴 수 있다고 보네) 그가 다른 사람보다 특별히 청원기도를 불합리하게 여길 것 같지는 않네.

버너비가 《수심측량》에서 소개한 후 반박한 또 다른 논증은 이것일세. 인간의 자유가 가치 있으려면, 즉 계획을 세우고 목적을 달성할 수 있으려면, 예측 가능한 세상에서 살아야 한다. 그런데 하나님이 인간의 기도에 응답하셔서 사건들의 경로를 바꾸신다면 세상은 예측 불가능한 곳이 될 것이다. 그러므로 인간이 실질적으로 자유로운 존재가 되려면 하나님은 이 측면에서 부자유하셔야 한다.

그러나 이렇듯 예측 가능한 세상이 우리의 자유에 필요하건 않건 간에, 우리가 사는 곳은 그런 세상이 아니라는 점은 분명하지 않나? 이 세상은 내기와 보험, 희망과 불안이 있는 곳이고, '확실한 것이라고는 예기치 못한 일이 벌어진다는 것뿐'이기에 '예측 불가능의 상황을 능숙하게 처리하는 능력'이 현명함으로 통하네. 사람들은 예측할 수 없는 일에 대해 기도하지. 전투에서 이기게 해 달라고, 수술이 성공하게 해 달라고, 일자리를 지키거나 얻게 해 달라고, 누군가의 사랑을 얻게 해 달라고. 그러나 일식日蝕 같은 것을 두고 기도하지는 않네.

그러면 자네는 이렇게 대답하겠지. 한때 그랬던 거라고. 나날이 발전하는 과학이 과거엔 예측 못했던 것을 이제는 예측 가능하게 만든다고. 여태껏 청원기도가 가능했던 것도 순전히 우리의 무지 때문이라고. 거기에다 이렇게 덧붙이겠지. 아직은 우리가 기도하는 그 모든 사건을 예측할 수 없지만, 원칙적으로는 일식처럼 예측 가능하다고 보는 것이 합리적이지 않겠느냐고. 하지만 그것은 내가 제기한 논지를 놓친 답변일세. 나는 지금 결정론을 반박하려는 게 아니네. 다만, 미래를 짐작 못하는 세상이라고 해서 꼭 계획에 따른 의도적 행동과 모순되는 것이 아님을 말하는 것뿐이네. 지금도 인간들은 이런 세상에서 계획을 세우고 작정을 하고 있으며 수천 년 동안 그렇게 해 왔거든.

우리끼리 하는 얘기네만, 과학이 발전할수록 청원기도가 설 자리가 없어질 거라는 이 반론에는 과학에 대한 오해가 깔려 있네. 이 부분에 대해선 자네가 나보다 더 잘 알겠지만 어쨌거나 계속 말해 보겠네. 진정한 과학이려면 예측력이 있어야 한다는 것이 어떤 면에서는 맞는 말이야. 그러나 과학이 완전해지면, 아니, 모든 과학의 통합이 완전하게 이루어지면 미래에 대한 믿을 만한 역사를 쓸 수 있을까? 과연 과학자들이 그렇게 하고 싶어 할까? 과학이 미래의 한 사건을 예측할 수 있는 것은 그것이 보편법칙의 사례이기 때문 아닌가? 그 사건을 유일무이하게 만드는 모든 것, 다시 말해 구체적인 역사적 사건이게 만드는 모든 조건은 의도적으로 배제되고 있네. 그것이 과학의 역량을 (아직은) 벗어나는 조건이기 때문이 아니라 그 자체는 과학의 관심사가 아니기 때문이야. 매번 일어나는 일출과 완전히 똑같은 일출은 이제껏 한 번도 없었네. 모든 일출들 사이의 차이점을 제거하고 남는 결과물은 똑같을 걸세. 과학이 예측하는 것이란 그런 추상화된 동일 현상이네. 그러나 우리가 살아가는 삶을 그런 동일성으로 설명할 수는 없지 않나. 실제로 일어나는 모든 물리적 사건, 더 나아가 모든 인간 경험의 배후에는 어떤 것의 '사례'가 아닌 진짜 우주의 과거 역사 전체가 놓여 있고, 과학이 자체 목적상 무시하는 특수성들이 그 역사를 장식하고 있다네. 좋은 실험방법을 고안하는 기술이란 과학에 부적절한 내용, 즉 역사적 특수성을 최대한 줄일 수 있는 방법을 연구하는 것 아닌가?

버너비는 에세이 후반부에 인간의 의지야말로 근본적으로 예측 불가능한 유일한 요소라고 말하는데, 나는 그 말이 기껍지가 않아. 우선은 '유일하게 근본적으로 예측 불가능한'이라는 거창한 주장을 어떻게 입증할 수 있는지 모르기 때문이고, 다른 이유는 예측 불가능성이 자유의 본질도 징후도 아니라는 브래들리F. H. Bradley[47]의 말에 동의하기 때문일세. (《윤리연구Ethical Studies》 2판을 읽어 봤나? 아널드Mathew Arnold[48]의 논법을 활용해 아널드의 주장을 논파한 부분은 전적으로 타당하고 절묘하네.) 설령 버너비의 말이 옳다고 해도 인간행동의 예측 불가능성 때문에 사건들의 예측 가능성에 거대한 틈이 생기게 되고, 결국 인간생활에 필요한 예측 가능성이라는 개념 전체가 설 자리가 없어진다네. 플라톤, 아틸라 또는 나폴레옹 같은 사람들이 태어나기까지 수천 년에 걸쳐 얼마나 많은 인간 행위, 특히 성교 행위가 있었을지 생각해 보게. 그러나 인간의 역사는 바로 이 예측 불가능한 요소들에 크게 의지하고 있네. 25년 전 자네는 베티에게 청혼을 했네. 그 결과 지금 어린 조지가(아이의 병은 다 나았나?) 있지. 앞으로 천 년이 지나면 조지의 후손이 아주 많아질 걸세. 그중에서 아리스토텔레스나 히틀러처럼 역사에 커다란 영향을 끼칠 인물이 나오지 말라는 법도 없지 않은가!

---

47) 1846-1924, 영국의 철학자.
48) 1822-1888, 영국 빅토리아 시대의 시인, 문학·사회 비평가.

8

지난번 내 편지가 자네에게 얼마나 공허하고 허황되게 들렸을지 미안한 마음이 드네. 내가 막 편지를 부치고 나자 조지에 대한 걱정스러운 소식이 담긴 베티의 엽서가 도착했더라고. 조지의 후손 운운한 내 농담이 자네에게 상처가 됐을까 봐(왠지 그랬을 거란 생각이 드는군), 또 기도에 대한 우리의 토론 전체가 덧없는 짓으로 느껴졌을까 봐 걱정이 되는군. 나도 그런 생각이 드는데 자네야 오죽하겠나. "하나님이 청원기도를 들으시는가?"라는 추상적인 질문과 "하나님이 조지의 쾌유를 비는 우리의 기도를 들어주실까? 그분께 그럴 능력이 있을까?"라는 구체적인 질문 사이엔 엄청난 거리가 있네.

그렇다고 내가 조금이라도 자네의 심정을 헤아릴 수 있다는 말은 아니야. 내가 이해한다고 말한다면 자네는 《맥베스》에 나오는 그 사람처럼) "아이도 없으면서" 하고 혼잣말을 하겠지. 몇 년 전, 내가 어려움에 처했을 때 자네도 내게 이런 비슷한 말을 했었네. "내가 외부에 있다는 걸 알아. 나의 목소리가 거의 들리지 않겠지"라고 썼었지. 하지만 오히려 바로 그 말 때문에 자네의 편지는 내가 받은 다른 어떤 편지보다도 내게 실질적인 위로를 주었다네.

나는 일반의의 예진豫診이 잘못으로 드러날 때가 많다, 병의 징후는 원래 분명하지 않은 법이다, 생명이 위험하다고 했던 사람들이 노년까지 사는 경우도 있다는 등의 말로 자네를 안심시키고 싶은 유혹을 느낀다네. 실제로 그것이 모두 사실일 수도 있고. 하지만 이런 말들 중 매 시간 자네가 스스로에게 하지 않는 것이 있을까? 게다가 그런 말을 하는 나의 동기도 알아차릴 걸세. 나에게 진정한 과학적 정직성이나 지식이 얼마나 부족한지도 알 거고. 그리고 그런 일이 없기를 정말 바라지만, 자네가 걱정하는 일이 내 경우처럼 끔찍한 결말로 끝난다면, 자네를 안심시키기 위해 했던 말들은 오히려 조롱으로 들릴 거야. 적어도 나는 그랬었네. 엉터리 소망들에 대한 기억이 자꾸만 떠올라 더 고통스러웠어. 지금도 절망에 빠졌던 순간보다 오히려 엉터리 위로가 기억날 때 더 마음 아프다네.

그래도 모든 일이 잘 될 거라 믿네. 정말일세. 결과가 나올 때까지는 기다리는 도리밖에 없지. 엑스레이를 현상하고 전문의의 소견이 나올 때까지 기다려야지. 그리고 기다리는 동안에도 계속 살아가야겠지. 그동안 지하에 숨어, 동면상태로, 잠자듯이 보낼 수만 있다면 좋겠지만 곧 불안의 끔찍한 부산물을 보게 된다네. (내 경우엔 그랬네. 하지만 자넨 나보다 더 강하리라 믿네.) 끊임없이 반복되는 생각, 심지어 무분별한 징조를 찾고 싶은 이교도적 유혹도 받게 되지. 기도를 해 보지만 그마저도 고뇌에 찬 웅얼거림에 불과하다네.

어떤 사람들은 자신들이 걱정하는 것에 대해 죄책감을 느끼고 믿음이 부족한 탓이라고 여기는데 나는 전혀 동의할 수 없네. 그건 고통거리지 죄가 아닐세. 모든 고통거리가 그렇듯, 우리가 잘 감당하기만 하면 걱정도 그리스도의 수난에 동참하는 일이 된다네. 그리스도의 수난의 시작, 그 첫걸음은 겟세마네에서 일어났잖은가. 겟세마네에서 아주 이상하고 중요한 일이 벌어졌네.

우리 주님이 하신 여러 말씀을 통해 볼 때, 그분은 오래전부터 자신의 죽음을 예견했음이 분명하네. 주님은 인간들이 만들어 놓은 세상에서 자신처럼 행동하면 어떤 결과가 나타날지 아셨어. 그러나 주님이 겟세마네에서 기도하시기 전, 어찌된 영문인지 모르지만 이 지식이 그분을 떠난 것이 분명하네. 아무리 하나님의 뜻이 이루어지게 해 달라는 단서를 달았다고는 해도, 잔을 지나가게 해 달라고 기도하면서 동시에 그렇게 되지 않을 것임을 아셨을 수는 없어. 그것은 논리적으로도 심리적으로도 불가능한 일이야. 이게 무슨 상황인지 알겠나? 인류가 당하는 어떤 시련도 놓쳐서는 안 되기 때문이었을까? 십자가를 앞둔 마지막 순간, 주님께 긴장과 염려가 찾아왔네. 희망을 품을 때 찾아오는 고통들이지. 주님은 그 극한의 공포를, 어쩌면 혹시라도 면할 수 있을지 모른다는 가능성을 품게 되신 거야. 선례先例가 있었거든. 바로 이삭이네. 가능성이 전혀 없어 보이는 상황에서, 그것도 마지막 순간에 이삭은 목숨을 건졌네. 그런 일이 전혀 불가능한 것은 아니란 말이겠지……. 그리고 주님은 틀림없이 다른 사람들이 십자가에 못박히는 장면을 보셨을 거야……. 대부분의 종교화나 이미지가 표현한 것과는 전혀 다른 끔찍한 장면이었겠지.

이 최후의 (그리고 틀린) 실낱같은 희망과 그에 뒤따른 영혼의 동요, 핏방울 같은 땀이 없었다면, 주님은 참사람이 아니었을지도 모르네. 완전히 예측 가능한 세상에서 사는 것은 인간의 삶이 아니니까.

마침내 천사가 주님께 나타나 "힘을 더하더라comforting"[49]는 말씀이 있네. 16세기에 쓰인 **컴포팅**comforting이라는 영어 단어나 그리스어 엔니슈쉬온ἐνισχύων은 '위로consoling'라는 의미가 아니네. '강화强化strengthening'가 더 적절한 의미라고 볼 수 있지. 여기서 강화함이란 다가올 상황을 감당해야 한다는 필연성과 감당할 수 있다는 확신을 갖게 했다는 뜻 아닐까? 그걸 위로라 하

49) 누가복음 22장 43절.

긴 어렵겠지.

　우리들은 모두 실제로 고통이 찾아올 때 어느 정도는 순순히 받아들이려고 노력하네. 그러나 주님이 겟세마네 동산에서 드린 기도를 보면 고통 이전의 고뇌 역시 하나님의 뜻이자 인간 운명의 일부임을 알 수 있어. 완전한 사람이 그것을 겪으셨거든. 그리고 좋은 주인보다 크지 못하지. 우리는 그리스도인이지 스토아주의자들이 아닐세.

　수난 중에 그리스도가 겪으신 모든 일은 인류가 당하는 공통적인 고통의 요소를 그대로 보여 주지 않나? 먼저 고뇌의 기도를 드렸네. 그 기도는 받아들여지지 않았지. 그 다음 주님은 친구들을 바라보셨지. 그들은 잠들어 있었네. 우리의 친구들이나 우리 자신 역시 그들처럼 바쁘거나 자리를 비우거나 다른 일에 정신이 팔려 있을 때가 많지 않은가. 그 다음 주님은 교회를 바라보셨네. 그런데 주님이 만드신 바로 그 교회가 주님에게 유죄판결을 내렸지. 이것도 전형적인 모습이네. 모든 교회, 모든 기관에는 얼마 안 가서 그 조직의 존재 목적 자체를 역행하는 뭔가가 생겨나거든. 주님은 또 다른 가능성을 보셨네. 국가였지. 이 경우에는 로마제국이야. 로마제국은 하나님의 정의를 대변한다는 거창한 주장을 내걸지는 않았지만, 그렇기 때문에 적어도 편협한 열광에는 빠지지 않았거든. 로마제국은 대체로 세속적인 차원의 정의를 부르짖었네. 물론 정치적 편의나 국가적 목적*raison d'état*과 일치하는 범위

내에서만 의미 있는 주장이었지. 그런데 주님은 복잡한 정치 상황 속에서 국가의 적이 되셨네. 하지만 희망이 완전히 사라져 버린 건 아니었네. 민중에게 호소할 수 있었으니까. 주님이 축복하셨던 가난하고 소박한 사람들, 주님이 치유하시고 먹이시고 가르치시고, 친히 그 가운데 속하셨던 민중 말일세. 그러나 그들은 하룻밤 새 살기등등하게 그분의 피를 요구하며 소리치는 폭도로 변했네 (이건 드문 일이 아니야). 이제 주님이 기댈 데라곤 하나님밖에 없네. 그런데 하나님이신 분이 하나님께 했던 최후의 말은 이것이었네. "어찌하여 나를 버리셨나이까?"[50]

이 모두가 얼마나 전형적이고 대표적인 상황인지 자네도 알 걸세. 인간이 처하는 상황이 커다랗게 적혀 있는 거지. 이런 것들이 바로 인간의 실존일세. 붙잡는 순간 모든 밧줄이 끊어지고, 다가가는 순간 모든 문이 쾅 닫히고, 사냥꾼에게 쫓기다가 더 이상 달아날 곳이 없어 궁지에 몰린 여우 신세. 끝내 모든 것에서 버림받는 상황을 어떻게 이해하고 참아낼 수 있을까? 가장 필요한 순간에 하나님이 사라져 버리는 듯한 상황을 겪지 않고선 하나님도 인간이 되실 수 없는 걸까? 만약 그렇다면, 그 이유는 뭘까? 나는 가끔 우리가 창조라는 개념에 연관된 요소들을 전혀 이해하지 못하는 것은 아닌지 의심스러워진다네. 하나님이 창조하신다는 것은

---

50) 마태복음 27장 46절, 마가복음 15장 34절.

하나님이 아닌 다른 존재를 만드신다는 뜻일 거네. 피조물의 입장으로선 하나님으로부터 쫓겨나거나 분리된다는 의미도 담고 있지. 완벽에 가까운 피조물일수록, 어느 시점에서 이 분리가 더욱 분명하게, 멀리까지 이루어져야 하는 것은 아닐까? '[영혼의] 어둔 밤'을 경험하는 것은 범인凡人들이 아니라 성인聖人들일세. 하나님께 반역하는 존재는 짐승들이 아니라 인간과 천사들이야. 무생물은 성부의 품에 안겨 잠잔다네. 하나님의 '숨기움hiddenness'을 가장 고통스럽게 경험하는 이들은 어떤 면에서 그분과 가장 가까운 사람들일 거야. 그러니 인간이 되신 하나님이 모든 인간 중에서도 가장 크게 하나님께 버림받지 않으시겠는가? 17세기의 어느 신학자가 이렇게 말했네. "하나님이 보이는 존재인 척하시는 것은 속임수일 뿐이다." 그분은 '감각적 위로'가 필요한 단순한 영혼들에게 잠시 그런 척하시는지도 모르네. 그들을 속인다기보다는 털이 막 깎인 어린양에게 모진 바람을 보내지 않으시는 거겠지. 물론 나는 니버Reinhold Niebuhr [51]처럼 악이 유한성의 일부라고 말하는 게 아닐세. 그의 생각은 창조와 타락을 동일시하고 하나님을 악의 창조자로 만드네. 창조 행위 안에는 고뇌와 소외, 십자가에 못박힘이 있었지만 모든 것을 판단하실 수 있는 유일한 분께서 아득히 먼 목적을 위해 그것을 감수할 가치가 있다고 판단하셨네.

---

51) 1892–1971, 미국의 신학자이자 기독교 현실주의자.

나는 욥을 위로한 친구들과 같네. 자네가 처한 어두운 골짜기를 밝혀 주기는커녕 더 어둡게 하고 있으니. 자네는 그 이유를 알 걸세. 자네의 어두움이 내 어두움을 떠올리게 만들었거든. 하지만 내가 쓴 내용을 후회하지는 않네. 현재로서 자네와 나는 오로지 공통의 어둠 속에서만 진실로 대면할 수 있으니까. 우리가 서로 공유하는 어두움을 주님도 겪으셨다는 게 가장 중요하겠지. 우리는 아무도 지나간 적이 없는 길에 서 있는 게 아닐세. 오히려 큰길 위에 있다고 해야겠지.

두 주 전, 우리는 이런 것들에 대해 너무 가볍고 쉽게 말했던 것이 분명하네. 가짜 돈을 가지고 게임을 하고 있었다고나 할까. 어린 시절에 이런 충고를 많이 들었지. "생각 없이 말하지 마라." 우리에게 필요한 충고는 또 있네. "생각 없이 생각하지 마라." 게임에 진지하게 임하려면 판돈을 올려야 하는 법이지. 이 말이 어떤 일을 판단할 때는 감정을 배제해야 한다는 통념에 맞지 않다는 것을 인정하네. 사람들은 보통 "냉정하지 않으면 제대로 생각할 수 없다"고 말하니까. 하지만 냉정한 상태에서도 깊이 생각할 수 없는 건 마찬가지야. 모든 문제를 두 가지 상태 모두에서 생각해 봐야 하지 않나 싶어. 자네도 기억할 걸세. 고대 페르시아인들은 모든 일에 대해 두 번씩 토론했다지. 술에 취한 상태로 한 번, 정신이 말짱한 상태로 또 한 번.

새로운 소식이 나오는 대로 자네나 아이 엄마가 알려 주길 바라네.

9

하나님 감사합니다. 아무것도 아니었다니! 이렇게 말하긴 뭣하지만, 대단한 예행연습이었네! 베티의 전보를 받은 지 스물네 시간밖에 지나지 않았는데 벌써 그 일이 신기할 만큼 먼 옛일로 느껴지네. 배를 타고 바다로 나갔을 때처럼 말이야. 일단 곶을 돌아 잔잔한 수면지대로 접어들면, 얼마 안 가 곶이 수평선 아래로 사라지고 말거든.

이제 자네 편지 이야기를 해 보자고. 자넨 기쁘기보다 오히려 감정이 착 가라앉았다고 했는데, 나로선 그 말이 전혀 놀랍지 않네. 그건 자네가 감사할 줄 몰라서가 아니라 진이 빠져서 그런 거니까. 그 끔찍한 나날 동안에도 너무 지쳐서 무감각해지던 순간들이 있지 않던가? 우리 몸(이 몸에 축복을)은 우리가 원하는 바대로

70

감정을 한정 없이 표출할 수가 없다네.

겟세마네에서 제자들이 잠들어 있었다면 주님이 기도하시는 소리를 듣지 못했을 것이고 따라서 그것을 기록할 수도 없었을 거라고 반론을 제기하기도 하지만, 거기에 답하는 건 그리 어려운 일이 아닐세. 제자들이 기록으로 남긴 기도 내용을 소리 내어 말한다면 채 3초도 안 걸릴 걸세. 주님은 "돌 던질 만큼"만 떨어져서 기도하셨네. 밤이었으니 사방은 고요했어. 그리고 주님이 큰 소리로 기도하셨을 거라고 확신하네. 당시 사람들은 모든 것을 소리 내어 했거든. 그로부터 몇 세기가 지난, 훨씬 발전된 사회에서 살았던 아우구스티누스의 이야기를 자네도 기억하지 않는가. (속으로) 뭔가를 읽고 있는 암브로시우스 바로 옆에 섰는데 아무 소리도 들리지 않자 깜짝 놀랐다는 대목 말일세.[52] 제자들은 주님이 기도하시는 첫 부분만 듣고 잠이 든 거지. 그 시작 부분을 기도의 전부인 양 기록한 거네.

사도행전 24장에도 비슷한 상황이 등장하네. 유대인들은 더둘로라는 전문 변호사를 고용해서 사도 바울을 고발했네. 내 셈이 맞다면, 누가가 기록한 고발 내용은 그리스어로 여든네 단어야. 여든네 단어는 정식 재판에 참여한 그리스 변호사로선 말도 안 되

---

52) 암브로시우스 이전까지는 소리를 내지 않고 읽는 묵독默讀이 존재하지 않았으므로 암브로시우스의 묵독은 그 당시 획기적이고도 놀라운 광경이었다.

게 짧은 걸세. 그렇다면, 혹시 요약문*précis*이 아니었을까? 하지만 팔십여 단어 중 무려 사십 단어가 재판관을 찬사하는 내용인데, 그렇게 짧은 요약문에 싣기에는 무리인 부분일세. 누가는 탁월한 이야기꾼이었지만 서기관으로서는 신통치 못했네. 처음에 누가는 더둘로의 말을 통째로 기억하거나 **다 받아** 적으려고 했을 거야. 그리고 앞부분은 잘 받아 적었네. (문체를 볼 때 분명하지. 그런 식으로 말하는 건 **전문 변호사**뿐이거든.) 그러나 누가는 곧 좌절하고 말아. 나머지 부분은 연설 전체가 우스꽝스러울 만큼 간략한 요약으로 끝나고 있거든. 하지만 누가는 그런 사정을 밝히지 않았고 본의 아니게 더둘로가 조리 있게 말하지 못했다는 인상을 주게 되었지. 만약 더둘로가 요약문처럼 말했던 거라면 전문 변호사로서 설 자리를 잃었을 걸세.

자네도 알다시피, 소중한 생명을 위해 기도할 때 우리 마음을 짓누르는 질문은 일반적이거나 철학적인 것들이 아닐세. 오히려 기독교 자체에서 생기는 문제들이라 할 수 있지. 적어도 자네와 나의 경우에는 그렇다네. 이미 오래전에 우리는 우리의 기도가 응답된다면 세상이 처음 만들어졌을 때부터 응답된 것이라는 데 동의했었지. 하나님과 그분의 행하심은 시간 속에 매여 있지 않네. 인간의 입장에서는 하나님과의 교통이 특정 순간의 일이지만 하나님께는 그렇지 않다네. 기도라는 개념 자체가 전제하다시피, 인간의 기도라는 자유로운 행위와 사건의 경로 사이에 상호작용이 일어난다면, 그 상호작용은 위대한 단 하나의 창조행위에 처음부터 담겨 있던 것일세. 하나님은 우리의 기도를 들으시네. —"들으셨다"고 말해선 안 되네. 그건 하나님을 시간 속에 가두는 꼴이 되니까. — 우리가 기도하기 전, 우리가 만들어지기도 전부터 말일세.

우리 속에 생기는 진짜 질문은 이런 거야. 우리는 기도가, 적어도 기도 가운데 일부라도 어떤 결과를 일으키는 진정한 원인이라고 믿는 걸까? 하지만 기도 자체에 마술적 힘이 있는 것은 아닐세. 기도는 주문처럼 자연에 직접 작용하는 것이 아니거든. 그러면 기도는 하나님을 통해 자연에 영향을 미치는 것일까? 이 말은 기도가 하나님께 작용한다는 뜻으로 들리네. 하지만 우리는 하나님이 무감동적impassible[53]인 분이라고 믿네. 모든 신학은 피조물이 행위 주체가 되고 하나님이 행위 대상이 되는 신인神人 상호작용의 개념을 거부할 걸세.

놀랍게 응답받은 기도의 사연들을 제시하며 이 질문에 실증적으로 답하려 해 봤자 소용없는 일이네. 물론 자네와 나는 신비한 사연들을 늘어놓을 수 있겠지. 그럼 우리는 시간적인 선후관계 post hoc를 인과관계propter hoc로 오인하지 말라는 합리적인 해명을 듣게 될 걸세. 우리가 기도한 일은 어쨌거나 벌어질 일이었

---

53) 수동적으로 어떤 행위를 당할 수 없는 하나님의 속성. 감정적으로 동요되거나 상처받지 않으신다는 뜻도 포함한다.

다는 거지. 우리의 [기도] 행위는 별 관계가 없었다는 뜻일 거고.

사람 사이의 일을 생각해 보세. 상대방이 우리의 요청을 들어주었다고 할 때, 그 행위의 원인은 우리의 요청이 아닐 수도 있네. 상대방은 요청한 바를 행했지만 우리의 요청이 없었어도 그렇게 했을 수 있는 것 아닌가. 남자의 청혼을 받아 결혼하는 여자는 없다고 말하는 냉소주의자들도 있네. 그녀가 그와 결혼하기로 결심한 후 청혼을 이끌어 낸다는 거지.

그러나 평소 우리는 우리의 요청이 상대방의 행동을 일으키는 주요한 원인 내지 하나의 원인이라고 (정말 확고히 믿을 때는) 믿네. 그건 우리가 상대와 깊은 관계를 통해 그의 성격에 대해 어떤 인상을 갖고 있기 때문일세. 인과관계를 확립하는 과학적 절차—실험을 통제한다는 등—를 적용해서 얻는 결론이 아니지. 우리의 기도와 어떤 사건 사이의 관계가 단순한 우연의 일치가 아니라고 믿는 이유도 이와 비슷하네. 우리가 하나님의 성품에 대해 어떤 생각을 갖고 있기 때문이야. 그 연관성을 보증하는 것은 믿음뿐일세. 어떤 실증적 증거도 그것을 입증할 수 없어. 심지어 기적이 일어난다 해도, "그건 어쨌거나 벌어질 일이었어" 하고 말하며 넘겨 버릴 수 있거든.

가장 친밀한 인간관계의 경우를 다시 생각해 보세. 우리는 원인과 결과라는 구분이 실제로 벌어지는 상황을 담아내지 못한다고 느끼네. 구식 소설에 등장하는 청혼 말고, 실제의 '청혼'에서 행위

자와 수동자 관계라는 게 있는가? 창유리에 떨어진 빗방울 두 개가 합쳐질 때 어느 것이 먼저 움직이지?

엄밀한 인과적 사고방식을 하나님과 사람 사이의 관계에 적용할 때 그것은 더욱 부적절해지네. 기도에 대해 생각할 때만 그런 게 아닐세. 절대존재가 말씀으로 파생존재를 내놓아 창조주와 피조물 사이에서 접합과 분리가 이루어지는 신비로운 지점, 즉 경계에서 벌어지는 일을 생각할 때는 늘 그렇다네.

그 신비로운 지점에서 벌어지는 일을 인과적으로 정의하려 한 시도가 은혜와 자유의지에 대한 커다란 수수께끼를 만들어 냈네. 그러나 성경은 그 문제 위를 유유히 날아가네. "두렵고 떨림으로 너희 구원을 이루라."[54]—이것은 순수한 펠라기우스주의일세.[55] 하지만 그렇게 해야 하는 이유는 무엇이지? "너희 안에서 행하시는 이는 하나님이시니."[56]—이건 순수한 아우구스티누스주의야.[57] 이 두 구절이 서로 모순되는 것처럼 보이는 이유는 우리가 세운 전제들 때문일 수도 있네. 하나님과 인간의 행위가 두 인간의 행위처럼 서로를 배제하므로 동일한 행동에 대해 '하나님이 하셨

54) 빌립보서 2장 12절.
55) 펠라기우스Pelagius(360?–420?)는 원죄를 부정했고 선악을 행할 수 있는 인간 의지의 자유를 믿었다.
56) 빌립보서 2장 13절.
57) 아우구스티누스는 인류가 타락했고 무력하여 하나님의 은혜에 철저히 의존하고 있다고 주장했다.

다'와 '내가 했다'는 말이 동시에 성립할 수는 없다, 이 말이 성립하려면 사람들의 경우처럼 하나님과 사람 사이에 일종의 역할분담이 있어야 한다, 우리는 이렇게 가정한다네.

결국 우리는 접합점에서 양방향 통행을 인정해야 하네. 세상의 어떤 수동적인 동사도 '창조된다'는 말처럼 철저히 수동적인 의미를 드러내진 못하지. 그것은 '한때 존재**하지 않았다**'는 뜻이 아닌가? 그러나 이성적 피조물인 우리에게, 창조된다는 것은 '행위자로 만들어진다'는 뜻도 된다네. 우리가 가진 것 중에서 받지 않은 것은 없네. 그러나 그중에는 그릇 이상의 무엇이 되는 힘도 들어 있어. 우리는 그 힘을 사용하네. 간단히 말하면 죄를 짓는 것이지. 그러나 우리가 할 수 있는 일이 죄짓는 것뿐이라 해도 지금 내가 펼치는 논증은 여전히 타당하네. 하나님은 죄를 용서하시기 때문이야. 우리가 죄를 짓지 않는다면 용서할 일도 없으실 것 아닌가. "죄인을 구제해 주지 못한다면 어찌 [하나님의] 자비라고 할 수 있는가?"[58] 이런 의미에서 볼 때 하나님의 행위의 원인, 조건, 계기는 우리의 행동이라 말할 수 있네. 그렇다면 이것이 우리가 하나님께 '작용'할 수 있다는 뜻일까? 자네가 원한다면 그렇게 말할 수 있을 것 같군. 이럴 경우, 우리는 이 부분을 허용하는 방식으로 그분의 '무감동성'을 해석해야겠지. 우리는 '무감동적'이라는 말의

---

58) 《햄릿》 3막 3장, 클로디어스 왕의 대사.

의미보다는 하나님이 용서하신다는 사실을 훨씬 더 잘 알기 때문일세. 차라리 그분의 섭리와 창조의 행위(결국 그 둘은 모두 하나일세)는 피조물들로 인해 생겨날 모든 상황을 온 세상이 시작되기 전부터 참작한 것이라고 말하는 게 낫겠네. 그렇다면 우리의 죄를 참작하시는 분이 우리의 청원이라고 참작하지 않으시겠는가?

10

자네 말의 요점이 뭔지는 알겠네. 하지만 성경이 '하나님의 **무감동성**' 교리를 지키려고 애쓰지 않는다는 점도 인정하게나. 성경은 우리를 하나님의 분노나 연민을 자아내는 존재, 심지어 하나님을 "근심하게 하는" 존재로 끊임없이 그리고 있거든. 이런 표현이 유비적이라는 건 알지. 하지만 그 사실을 지적하면서 유비 없이 그 이면을 파고 들어가 액면 그대로의 문자적 진리로 파악할 수 있다고 생각한다면 그건 좀 곤란하네. 유비적 표현 대신 내놓을 수 있는 것이라곤 모종의 신학적 추상개념뿐이거든. 그리고 추상개념은 거의 전적으로 소극적 가치밖에 없네. 시시한 추론으로 유비적 표현에서 터무니없는 결론을 도출하지 않도록 경고하는 정도지. '무감동적'이라는 추상개념 자체는 아무 쓸모가 없네. 그런 추상개념이 암시하는 이미지는, 폭풍처럼 분노하시는 여호와 하나님이라는 구약성경의 가장 단순한 그림보다도 오해의 소지가 훨씬 많네. 하나님을 정적인 존재, 또는 우주를 창조해 놓고는 그 안에서 벌어지는 어떤 사건도 고려할 능력이 없는 '순수 현실태 Pure Act'[59] 정도로 보게 만들기 때문이지.

내가 제안하는 성경해석의 원리는 두 가지일세. 첫째, 이미지를 문자적으로 해석하지 않는다. 둘째, 이미지의 **취지**—우리의 두려움, 희망, 의지, 애정을 향해 말하는 내용—가 신학적 추상개념과 충돌하는 듯하면, 언제나 이미지의 취지를 신뢰한다. 우리의 추상적 사고 자체는 유비투성이, 즉 법적, 화학적, 기계적 용어로 영적 실재reality를 담아내는 모델화 작업의 연속일세. 이것들이 빛과 어두움, 강과 우물, 씨앗과 추수, 주인과 종, 암탉과 병아리, 아버지와 아들 등과 같은 성경의 감각적, 유기적, 인격적 이미지보다 하나님을 나타내기에 더 적합한 방법일까? 하나님의 발자국은 바위나 광물 찌꺼기 더미보다는 옥토에서 더욱 잘 보이네. 그렇기 때문에 소위 말하는 기독교의 '비신화화de-mythologing'[60]는 '재

---

59) 하나님이 '순수현실태'라는 스콜라철학의 입장은 아리스토텔레스 사상에서 나온 것이다. 그는 존재하는 모든 것을 형상form과 질료matter의 결합으로 보았다. 모든 것은 현실태actuality와 가능태potentiality를 소유하고 있다. 사물의 형상이 사물의 현실태를 결정하고, 질료가 다양한 가능태의 근거가 된다. 나무로 만든 책상을 예로 든다면, 책상이 현실태라면 나무로 만들 수 있었을 의자나 탁자 등은 가능태가 된다.
60) 非神話化 : 독일의 신학자 불트만Rudolf Bultmann이 제창한 성경의 실존적 해석방법.

신화화re-mythologing'가 되기 십상이야. 빈약한 신화가 풍부한 신화를 대체하는 꼴이지.

나는 일부러 하나님이 우리의 기도를 '참작하신다'라는 모호한 표현을 골라 썼네. 이 표현보다는 파스칼의 금언이 훨씬 진전되고 훌륭한 표현이라는 데는 동의하네. "하나님은 그분의 피조물들에게 원인자가 되는 위엄을 허락하시고자 기도를 제정하셨다." 하지만 파스칼은 하나님을 수동자로 삼는, 행위자-수동자 관계를 너무 노골적으로 암시하고 있어.

또 우리의 기도를 '원인'으로만 보면 청원기도의 중요성이 오로지 요청한 것을 이루는 데 있다고 생각하게 될 걸세. 그러나 신앙생활 전체를 놓고 보면, 하나님이 우리의 기도를 '참작' 또는 '고려'하시는 것이 청원한 것을 주시는 것보다 더 중요하다네. 신앙심이 깊은 사람들은 기도의 '결과'에 대해선 말하지 않고, 하나님이 기도에 '응답하신다' 혹은 '들으신다'고 얘기하지. 누군가는 이렇게 말했네. "청원자가 원하는 바는 자신의 청원이 수락되는 것 못지않게 청원의 대상이 듣는 것이다." 하나님께 바치는 청원이 단지 마술에 기대 보려는 시도가 아니라 진정한 신앙적 행위라면 더욱 그럴 걸세. 거절당하는 건 참을 수 있지만 무시당하는 건 참을 수 없네. 다시 말해, 숱하게 거절당해도 그것이 무시가 아니라 진짜 거절이라면 우리의 신앙은 살아남을 수 있어. 주신 분이 하늘 아버지이심을 진심으로 믿는다면 돌처럼 보이던 것도 빵으로 받을 수 있을 걸세. 어쩌면 하나님은 우리를 긍휼히 여기시기 위해, 공의를 세우시기 위해, 혹은 꾸짖으시기 위해 그것을 주셨을지도 모르네. 딱딱하고 쓴맛이 나겠지만 씹고 삼킬 수 있어. 그러나 우리 마음이 원하는 것을 달라고 기도하여 그것을 받은 후에도 그저 우연이었다고, 즉 하나님이 계획하신 다른 목적을 이루기 위한 과정의 부산물일 뿐이었다고 확신하게 되면 빵으로 보이던 것도 돌이 되고 말지. 예쁜 돌, 어쩌면 보석일지도 모르네. 그러나 영혼의 양식이 되지는 못할 걸세. 이것이 파스칼의 금언에 비해 좀더 소박한 나의 표현을 선호하는 또 하나의 이유일세.

우리는 포프Alexander Pope[61]의 다음과 같은 금언에 맞서 싸워야 하네.

전능하신 제1원인은
부분법칙이 아니라 일반법칙으로 행하신다.

희한하게도, 포프와 그에게 동의하는 모든 사람은 이러한 철학적 신학이 어린아이와 야만인(그리고 신약성경)의 종교를 넘어서는 진보라고 생각하네. 좀더 세련되고 신인동형론적 한계도 벗어났다고 여기는 거지. 그들은 신인동형론적 신학이 오히려 하나님의

---

61) 1688-1744, 영국의 시인.

모습을 가리고 그분을 오해하게 만드는 엉터리 신학이라고 주장한다네.

철학적 신학은 하나님의 계획(혹은 주요 계획) 안에도 피치 못할 뜻밖의 부산물들이 있음을 함축하고 있네. 원래의 계획과 피치 못할 부차적 결과들을 구분하는 것은 인간들에게 아주 친숙한 일이지. 우리가 하는 모든 일은 목표달성과 상관없이 주위에 여러 가지 결과를 빗발처럼 흩뿌려 놓네. 이것은 개인생활에서도 마찬가지야. 나는 새들에게 빵 부스러기를 던져 주면서 쥐들의 아침식사도 제공하게 되네. 조직생활에서는 더욱 그렇지. 칼리지 이사회가 저녁 식사시간을 바꾸기로 결정했다고 가정해 보세. 이사회의 목적은 식당 종업원들의 퇴근시간을 앞당기려는 것이지만, 그로 인해 모든 학생들의 하루 생활패턴도 덩달아 달라지게 되네. 새로운 조치 때문에 편리해진 학생들도 있겠고, 그와 정반대인 학생들도 있겠지. 이사회 측이 첫 번째 부류에게는 특별한 호의를, 두 번째 부류에게는 앙심을 품었던 것은 아니지만 이사회의 결정 때문에 예측하지 못했고 바라지도 않았던 결과가 따라왔네. 이건 피할 수 없는 일이야.

포프의 견해에 따르면, 하나님도 이와 같은 방식으로 일하신다는 거네. 그분은 총체적인 상황에 대해 원대한 계획을 갖고 계신 거지. 우리가 무슨 말을 하더라도 그 계획은 달라지지 않을 거고. 그렇다면 하나님께는 우리의 기도를 들어주시거나 거절하실 자유도 거의(어쩌면 전혀) 남지 않을 거네. 그리고 원대한 계획은 개인들을 향한 수많은 축복과 저주를 잇따라 만들어 낼 걸세. 그분도 피할 수 없는 일이겠지. 그건 모두 부산물이니까.

그러나 전지, 전능, 완전한 선의 차원에서는 이 같은 계획과 부산물 사이의 구분이 완전히 사라져야 마땅하네. 내가 이렇게 믿는 이유는, 인간의 차원에서도 훌륭한 계획일수록 부산물이 줄어들기 때문이야. 인간이 만든 계획이 좋을수록 뜻밖의 부산물은 줄어들고, 돌 하나로 더 많은 새를 잡을 수 있고, 더 다양한 필요와 이해관계를 만족시킬 걸세. 말하자면 개개인 각자를 위한 계획에 가까워질 거야(분명 한계는 존재하겠지만). 고약한 법은 어려운 사례를 만들어 내네. 하지만 조직관리 문제는 이쯤에서 넘어가세. 통치자보다는 시나 교향곡을 짓는 천재가 하나님과 더 비슷하지 않겠나? 천재 시인이나 작곡가의 작품에 단순한 부산물이란 없네. 모든 음표나 단어가 하나의 수단이나 결과에 그치는 일은 일어나지 않을 테니까. **단지** 다른 것들을 위해 존재하는 것은 없을 거야. 음표나 단어에게 의식이 있다면 이렇게 말하지 않을까. "창조자께선 나를 염두에 두고 천재성을 온전히 발휘하시어 내가 꼭 필요한 맥락에 정확히 나를 택하셨다." 물론 다른 모든 음표나 단어도 똑같이 그렇게 말할 수 있다는 전제하에서겠지.

진정한 창조주께서 어째서 '일반법칙'으로 일하셔야 한단 말인가? 블레이크William Blake[62]는 "일반화하는 것은 천치가 되는 것이다"라고 말했네. 그의 표현이 지나쳤을 수도 있지만 일반화하는 것이 유한한 정신의 특성임에는 분명하네. 우리의 지성은 일반성이라는 렌즈를 통해 작동하니까. 하지만 하나님이 그런 임시변통으로 무한히 밝은 시력을 훼손하셔야 할 이유가 뭔가? 차라리 하나님이 참고도서를 보셔야 하거나 나를 개인적으로 고려하시려면 먼저 "가브리엘, 루이스의 파일을 가져오게"라고 말씀하셔야 한다고 상상하는 게 나을 걸세.

모든 참새의 죽음까지 참작하시는 신약성경의 하나님은 포프가 말하는 하나님보다 신인동형론적 면모가 훨씬 덜하시네.

나는 일반법칙들을 가지고 일하시는 관리자 하나님 상을 믿지 않으려네. 섭리라는 게 있다면, 모든 것은 섭리에 따른 것이며 모든 섭리는 특별 섭리일세. 그리스도께서는 인류 전체를 위해 죽으셨을 뿐 아니라 이 세상에 존재하는 각 사람이 유일한 인간인 것처럼 각 사람을 위해 죽으셨다는 경건한 고백이 예로부터 전해 오네. 시간상에 펼쳐진 하나님의 창조활동, 다시 말해 운명 내지 역사에 대해서도 같은 믿음을 가질 수는 없을까? 그것이 각 사람의 영혼을 위한 것이라고 말일세. 각자가 목적이 아닐까. 각 짐승이나 심지어 각 물질 입자에 대해서도 같은 말이 가능할지 모르네. 밤하늘을 보면, 우리는 상상할 수 없지만 하나님께서는 무생물조차

---

62) 1757-1827, 영국의 낭만주의 시인이자 신비주의자.

도 어떤 가치가 있을지 모른다는 생각이 들거든. 그분의 길은 (밤 하늘은 아니지만 어쨌건) 우리의 길과 같지 않다네.

자네가 내게 이 모든 것을 믿는 이유를 묻는다면, 이렇게 대답하겠네. 우리는 교훈과 본보기를 통해 기도하라고 배웠는데, 포프가 그려낸 우주에서는 기도가 무의미해지기 때문이지. 하나님이 기도를 제정하신 목적 중 하나는 그분이 세상만사를 국가처럼 다스리시는 것이 아니라 예술작품처럼 창조하심을 증언하기 위함인지도 모르네. 그렇다면 세상의 모든 존재가 세상의 창조에 나름대로 참여하거나 (기도를 통해) 의식적으로 참여하고 그 안에서 목적이자 수단이 되겠지. 잠시 수단으로서의 믿음을 살펴봤으니 그것이 목적이기도 하다고 서둘러 덧붙여야겠네. 하나님이 세상을 만드신 부분적인 이유는 기도를 허락하시고 조지를 위한 우리의 기도에 응답하시기 위함일 걸세. 그리고 나머지 '부분적인' 이유로 이번 편지를 마칠까 하네. 하나님이 세상이라는 위대한 예술작품을 만드신 목적은 그 안에서 이루어지는 모든 활동과 존재, 그 자체일세. 거기엔 모든 파도의 굴곡과 모든 벌레의 비행까지 다 포함되네.

11

자네, 나를 순순히 놔 주지 않을 기세군. 그리고 이 주제는 오래 들여다볼수록 더 골치 아파지겠지. 진심으로 자비를 구하며 하나님께 부르짖을 때 우리의 마음을 들쑤시는 곤란한 문제들을 직시해야만 하네. 차라리 그런 게 없다고 딱 잡아뗄 수 있다면 좋으련만. 나는 이런 문제들을 해결하는 데 도움이 될 만한 책을 발견하지 못했네. 또 내게 그 문제들을 감당할 힘이 있는 것 같지도 않으니 가능하면 잠자는 개들일랑 그냥 내버려 두고 싶군. 하지만 개들은 자고 있지 않지. 눈을 부릅뜨고 우리를 물어뜯고 있네. 우리 둘 다 그놈들의 이빨자국을 지니고 있지 않은가. 사정이 이쯤 되면, 우리로선 서로의 당혹감을 나누는 게 낫겠네. 혹 서로에게 숨길 수 있다 해도 자신까지 속일 수는 없으니까.

신약성경에는 믿음으로 구한 것은 받게 될 것이라는 당황스러운 약속이 담겨 있네. 그중에서도 가장 놀라운 말씀은 마가복음 11장 24절이지. "무엇이든지 기도하며 구하는 것은 받을 줄로 믿으라 그리하면 그대로 되리라"(커버데일 역). 여기서의 간구 내용을 영적 은사로만 제한할 순 없네. **무엇이든지**라고 분명히 밝히고 있거든. 이 말씀은 하나님에 대한 일반적인 믿음이 아니라 우리가 구한 바로 그것을 얻게 될 것이라는 믿음을 말하는 걸세. 구한 것을 받을 수도 있고 아니면 훨씬 더 좋은 다른 것을 받게 된다는 말 역시 아닐세. 우리가 구한 바로 그것을 정확히 받게 될 거라고 하시네. 역설에 역설을 더하기 위함인지, 그리스어 원문은 부정과거 aorist[63]형인 엘라베테ἐλάβετε를 사용하고 있어서 "**받을** 줄로 믿으라"가 아니라 "**받은** 줄로 믿으라"로 번역하고 싶어지게 만드네. 하지만 이 마지막 부분은 무시하겠네. 라틴어 문법을 배운 우리가 파악하는 시제 구분이 아람어에 있었을 거라고는 보지 않기 때문일세.

이 놀라운 약속에는 모순되는 두 가지 문제가 있네. 첫째, 이제껏 경험하고 보아 온 사실들과 맞지 않는다는 것. 둘째, 겟세마네 동산에서의 기도와 (그 기도의 결과로 생겨난) 기도관, 즉 모든 것에 ("만일 아버지의 뜻이거든"이라는) 유보조항을 달고 기도해야 한다는

---

63) 그리스어 문법에서 동사의 부정과거는 계속성, 반복성이 없는 단순한 과거시제이다.

보편적인 기도관과는 다르다는 것.

첫 번째 문제는 빠져나갈 길이 없네. 모든 전쟁과 기근과 역병, 거의 모든 임종의 자리가 응답되지 않은 청원기도의 기념비 아닌 가. 바로 이 순간에도 이 섬나라에서만 수천 명의 사람들이 한때 영혼을 쏟아내며 밤낮으로 면하게 해 달라고 기도했던 일들을 기 정사실*fait accompli*로 직면하고 있네. 그들은 믿음으로 기도한다 고 생각했을 걸세. 그러나 구했으나 찾지 못했네. 문을 두드렸지 만 열리지 않았어. "그렇게도 무서워하던 일이 다가오고야 말았 다."[64]

두 번째 문제도 첫 번째보다 자주 논의되지는 않지만 어렵기는 마찬가지일세. 구한 것을 받을 거라는 완전한 믿음—사도 야고보 가 말한 바[65], 의심하지 않고 주저 없는 믿음—을 가지면서 동시에 거절당할 경우 순순히 받아들일 수 있도록 미리 대비하는 것이 어 떻게 가능한가? 거절당할 수 있다고 생각하는데, 어떻게 구한 것 이 거절당하지 않을 거라는 완전한 확신을 동시에 가질 수 있는 가? 그런 확신이 있다면 거절당할 가능성을 어떻게 염두에 둘 수 있단 말인가?

어째서 경배기도와 관상기도를 주제로 쓴 글은 많으면서, 청원

---

64) 욥기 3장 25절, 표준새번역.
65) 야고보서 1장 6절 참조.

기도에 관해서는 '미숙하고' '유치한' 글도 찾아보기가 어려운지 그 이유를 쉽게 알 수 있을 거네. 경배기도와 관상기도가 더 고상한 형태의 기도일 수도 있겠지. 나도 그렇게 생각하고. 그뿐 아니라 훨씬 더 쓰기 쉬운 주제이기도 하고.

첫 번째 문제를 거론할 때, 나는 우리들의 청원이 그렇게 자주 거절당하는 이유를 물으려는 게 아니었네. 그럴 수밖에 없는 일반적인 이유는 누구나 알지. 무지한 우리는 우리 자신이나 다른 사람들에게 유익하지 않은 것, 심지어 본질적으로 불가능한 것을 구한다네. 그런가 하면 한 사람의 기도를 들어주기 위해선 다른 사람의 기도를 거절해야 하는 상황도 있지 않나. 여기에는 우리 의지로서 받아들이기 어려운 요소가 많지만 우리 지성이 이해하기에 어려운 요소는 없다고 보네. 진짜 문제는 다른 데 있어. 우리가 이해할 수 없는 건 기도를 들어주지 않을 때가 많기 때문이 아니라, 기도만 하면 다 들어준다고 아낌없이 약속하고 있기 때문일세.

그렇다면 비들러의 원칙에 따라서 당혹스러운 약속들을 "벗어버려야" 할 "소중한 옛 표현" 정도로 여기고 폐기해야 할까? 폐기에 반대할 뾰족한 이유가 없다 해도, 그건 너무 손쉬운 방법 아닌가. 거북한 자료들을 우리 마음대로 모두 삭제해 버린다면 신학적 난제들이 하나도 남지 않게 될 것이 분명하네. 그렇게 되면 해결책도 진보도 없을 걸세. 과학자들은 물론 추리소설 작가들도 그 정도는 알고 있어. 골치 아픈 사실, 현재까지 종합해 낸 어떤 체계에도 들어맞지 않아 불합리해 보이는 문제야말로 무시해선 안 되는 바로 그것일세. 십중팔구, 바로 그 장소에 여우가 웅크리고 있거든. 미결 문제를 시야에서 놓치지 않는 한 언제나 희망은 있네. 그러나 그런 문제가 없는 척하면 희망도 함께 날아가 버릴 걸세.

앞으로 더 나아가기 전에, 실제적인 요점 두 가지만 지적하겠네. 첫째, 이 거침없는 약속들을 어린아이나 불신자에게 기독교를 가르치는 출발점으로 삼아서는 안 된다는 걸세. 과부댁이 허클베리 핀에게 기도를 가르치면서, 기도하면 원하는 걸 얻을 수 있다고 말했을 때 어떤 일이 벌어졌던가. 허크는 그 말대로 해 본 후 당연하게도 두 번 다시 기독교를 생각하지 않게 됐네. 마가복음 11장 24절에 구현된 기도관이 '유치'하다거나 '초보적'이라고 말하지 않는 편이 좋아. 그 구절이 진리를 담고 있다면, 그것은 참으로 앞서 나간 학생을 위한 진리일 걸세. 나는 그 기도가 결코 '우리(자네와 내) 상황에 들어맞는' 것이 아니라고 생각하네. 그 기도는 초석이 아니라 갓돌coping-stone에 해당하네. 우리 대부분에게는 겟세마네의 기도가 유일한 본일세. 산을 움직이는 건 나중 일이야.

둘째, 믿음이 생기면 기도가 반드시 응답될 거라는 생각으로, 우리 자신이나 다른 사람들 속에 '믿음'이라 부를 법한 주관적 상태를 불러일으키려는 어떤 시도도 해서는 안 되네. 어릴 때 다들 한 번씩 해 봤을 거야. 그러나 절박한 욕구가 강한 상상력과 맞물려 만들어 내는 마음 상태는 기독교에서 말하는 믿음이 아니야. 심리가 만들어 내는 묘기지.

믿음으로 하는 기도가 다 이루어진다는 약속에서 말하는 믿음이란 대부분의 신자들은 경험하지 못하는, 아예 종류가 다른 고차원의 것이라고 결론을 내려야 할 듯하군. 하지만 (바라건대) 하나님은 그보다 훨씬 열등한 기도도 받으신다네. 심지어 "나의 믿음 없는 것을 도와주소서"[66]라는 기도로도 기적의 길을 열 수 있네. 게다가 기도 응답을 보장하는 믿음을 가지지 못했다고 해서 반드시 죄는 아니네. 우리 주님이 겟세마네에서 기도하셨을 때도 그런 확신이 없으셨거든.

어떻게, 무슨 이유로, 완벽한 청원자께조차 그런 믿음이 나타나지 않는 때가 있는 걸까? 나로선 다만 추측해 볼 따름이네. 그런 믿음은 기도하는 자가 하나님의 동역자로서 공동사역을 위해 필요한 일을 요청할 때 비로소 생기는 게 아닐까. 선지자의 기도, 사도의 기도, 선교사의 기도, 치유자의 기도가 바로 그러한 믿음으로 드려지는 기도이고, 기도 응답을 통해 그들의 믿음이 정당한 것이었음이 입증되네. 종과 친구의 차이는 종이 주인의 비밀을 알지 못하는 것이라지 않나. 하인은 '그저 주인이 시키는 대로 할 따름'일세. 하인은 맡겨진 일을 하면서 주인의 계획을 나름대로 추

---

66) 마가복음 9장 24절.

측해 볼 뿐이지. 그러나 하나님의 동역자, 동반자, 또는 동료(감히 이렇게 말해도 될까?)는 특정 순간에 하나님과 너무도 긴밀히 연합된 나머지 하나님의 예지叡智 비슷한 것이 그의 머릿속으로 들어가게 되네. 그러니까 그의 믿음은 보이지 않는 것들을 명백하고 분명하게 보여 주는 '증거'일세.

친구는 종보다 높고, 종은 스스로를 위해 기도하는 청원자보다 높네. 하지만 청원자가 되는 것이 죄는 아닐세. 겟세마네에서 우리 주님은 자신을 위해 기도하는 청원자의 수준까지 내려가셨으니까. 그러나 그 순간 성부 하나님의 뜻에 대한 주님의 확신은 사라진 거야.

대개의 경우 우리는 청원자의 수준에서 그치고, 종의 수준까지 올라가는 경우도 많지 않네. 그런 우리가 기도하는 사건들에 대해 환상illusion―또는 우연에 불과했다고 수정될 일―이 아니라 확신을 갖게 될 거라고 생각한다면, 그것은 진정한 믿음이 아닐 걸세. 근거 없는 억측이라고 봐야겠지.

기도하면서 우리가 씨름하는 문제는 따로 있지 않은가? 낮은 수준에서나마 믿음을 얻고 그것을 유지하기 위한 씨름. 하나님께서 응답하실 수 있든 없든, 우리의 기도에 귀를 기울이시고 그것을 참작하실 거라고 믿기 위한 씨름. 심지어 기도를 들으시는 분이 있음을 믿는 일에도 끊임없는 씨름이 필요하네. 상황이 절박해질수록 소름끼치는 두려움이 파고들기 때문일세. 내가 텅 빈 우주

속에서 자신에게 말하고 있는 건 아닐까? 때론 침묵이 너무 완강하게 느껴질 때가 있네. 그리고 우리는 이미 너무 많이 기도하지 않았나.

자네는 이런 것들에 대해 어떻게 생각하나? 나는 추측들만 늘어놓았네.

12

나도 자네와 마찬가지일세. 우리 같은 처지에 있는 사람들에게 유용한 기도 관련 책은 보지 못했어. 기도문을 모아 놓은 작은 책들은 많지만, 로즈 매콜리 같은 사람이라면 몰라도 자네와 내게는 별 도움이 안 될 걸세. 당장 그걸 어떻게 이용해야 하는지부터 막막하지 않나. 우리에게 부족한 건 말이 아니니까! 기도에 **대한** 책들이 있긴 하지만, 독자를 아주 일반적인 사람들로 상정하고 있더군. 《그리스도를 본받아》조차도 가끔은 우스울 만큼 '내 처지와는 맞지가 않아.' 저자는 독자가 자기 방에 있어야 할 시간에 부엌에서 잡담하고 싶어 한다고 가정하거든. 하지만 우리는 부엌에서 잡담해야 할 시간에 서재에 있고 싶은 유혹을 받지 않나. (우리의 서재가 수도사의 독방처럼 춥다면 사정이 다르겠지만.)

자네와 나는 언덕을 좋아하는 사람들이야. 아직 걸을 수 있었던 행복한 시절에 나는 언덕 오르는 걸 즐겼고 산행도 좋아했지. 하지만 등반가는 아니었네. 그럴 마음은 없었거든. 그래서인지 나는 지금도 신비주의의 절벽 근처에는 가지 않아. 그런가 하면, 우리의 기도생활보다 더 낮은 단계의 기도생활도 있는 듯하네. 그런 사람들이 우리보다 신앙적으로 열등하다는 뜻은 아닐세. 오히려 영적으로 우리보다 훨씬 앞섰을 수 있어. 하지만 그들의 기도는 의아할 만큼 미숙한 형태를 띠고 있지.

나는 교구 목사를 통해 얼마 전에야 이 사실을 알게 됐어. 그간 교구 목사가 알게 된 바로는, 교인들 절대 다수에게 '기도하기'란 어릴 때 어머니에게서 배운 짧은 기도문을 반복하는 것이 전부라는 거야. 어떻게 이런 일이 있을 수 있을까. 그들 중 상당수는 좋은 사람들이라네. 그들이 주님께 회개와 감사를 드리지 않거나 구할 것이 없을 리 없지. 그렇다면 혹시 그들의 '종교'와 '현실의 삶' 사이에는 일종의 물샐틈없는 칸막이가 있고, 현실의 삶 속의 소위 '종교적'인 부분이 실상 종교와 아무런 상관이 없는 건 아닐까?

그러나 기도에 대한 훌륭한 책이 아무리 절실하다 해도, 내가 직접 그런 책을 쓸 시도는 하지 않을 걸세. 언덕에 있는 두 사람이 서로 쪽지를 교환하는 것은 문제 될 게 없지. 하지만 책으로 쓴다면 필시 토론이 아니라 가르치려 든다고 보게 마련이거든. 내가 세상을 향해 기도에 대한 가르침을 제공한다는 것은 건방진 짓일 거네.

더 높은 차원의 기도—신비주의자들이 내 시야에서 사라져 버리는 험한 바위산, 얼음으로 뒤덮인 산꼭대기, 뾰족한 봉우리들—에 대해서 내가 할 말은 두 가지 뿐일세. 첫째, 내가 생각하기엔 우리 모두가 그런 곳에 올라가도록 '부름 받은' 건 아니라는 거야. '만일 그렇다면, 주님이 우리에게 일러 주셨을 것이니.'[67]

둘째, 요즘 널리 퍼지고 있는 정말로 그럴싸한 주장이 있지. 온갖 다양한 종교적 배경에서 출발한 신비주의자들(이렇게 부르더군)이 모두 동일한 것을 발견한다는 거야. 이상하게도 그것은 기독교, 힌두교, 불교, 신플라톤주의 등 개별 종교의 교리와는 별 상관이 없다고 하네. 그러므로 그 경험적 증거로 볼 때, 신비주의는 인간이 보이지 않는 세계와 만나는 유일하고도 실질적인 접촉점이 되는 걸세. 탐험가들 사이의 일치된 보고가 그들 모두 어떤 물체와 접촉했다는 증거가 되듯 말이야. 그렇게 보면 신비주의가 유일하게 참된 종교가 되겠군. 그리고 우리가 '종교'라고 부르는 것들은 망상에 불과하거나 기껏해야 초월적 실재 안으로 밀고 들어가게 해 주는 수많은 현관일 뿐인 거지.

알맹이를 먹고 난 후에는
그 껍질을 던져 버리지 않겠는가?[68]

---

67) 요한복음 14장 2절 참조.
68) 존 던의 시 〈공동체 Community〉에 나오는 구절.

그렇지만 나는 이 주장의 전제가 의심스럽다네. 플로티누스 Plotinus[69]와 노리치의 줄리안Lady Julian[70]과 십자가의 성 요한[71]이 정말 '같은 것들' 을 발견했단 말인가? 그러나 그들이 발견한 내용의 유사성을 일부분 인정한다 해도, 모든 신비주의의 진정한 공통 요소는 따로 있어. 우리의 통상적인 시공간 의식과 논증적 지성이 잠시 깨어진다는 점이야. 이러한 부정적 경험의 가치는 결국 그 빈자리를 채우게 되는 긍정적 경험의 본질에 달려 있는 걸세. 그러나 부정적인 경험들은 언제나 똑같이 **느껴지는** 법 아닐까? 포도주 잔에 의식이 있다고 가정해 보세. 어떤 잔은 그냥 빈 채로 있고 어떤 잔은 다시 포도주로 채워지고 또 다른 잔은 깨지게 되더라도, 그러나 **비워지는 것** 자체는 모든 잔이 동일하게 경험할 걸세. 육지를 떠나 바다로 나가는 사람들은 수평선 너머로 사라지는 육지, 뒤로 멀어지는 갈매기 떼, 짭짤한 미풍 등 모두 '같은 것들을 발견'하게 될 거야. 여행자, 상인, 선원, 해적, 선교사, 그 외 누구든 같은 광경을 볼 걸세. 그러나 이 동일한 경험이 그들 항해의 유용성이나 불법성 또는 성공 여부에 대해서는 아무것도 보증해 주지 않네.

그들은 소용돌이에 쓸려가 버릴 수도 있고

---

69) 205-270, 신플라톤주의의 창시자.
70) 1342-1416, 영국의 여성 은둔자이자 신비주의자.
71) 1542-1591, 스페인의 신비주의자.

행복한 섬에 닿을 수도 있네.[72]

나는 신비 체험을 결코 환상으로 여기지 않네. 그런 체험은 죽기 전에 소위 '이 세상'을 벗어날 길, 무대 밖으로 나갈 길이 있음을 보여 준다고 생각해. 하지만 여기를 벗어나 어디로 간다는 걸까? 그건 영국인에게 이렇게 묻는 것과 같다네. "바다는 어디로 흘러갑니까?" 그는 이렇게 대답할 걸세. "잉글랜드만 빼놓고 바다 밑바닥을 포함해 지구 어디든 갑니다." 신비주의자의 항해가 적법하고 안전하고 소기의 성과를 거두려면 항해자의 동기가 순수하고 항해기술이 뛰어나고, 끈기와 더불어 하나님의 은혜가 있어야 하네. 항해를 시작한다고 해서 능사가 아니지. 참된 종교가 먼저 있어야 그 안에서 나타나는 신비주의도 가치가 있는 걸세. 신비주의가 나타난다고 그 토대가 되는 종교가 쓸모없어지는 건 아니지.

누군가가 악마적 신비주의나 마약이 위대한 기독교 신비주의자들의 체험과 (자기반성을 아무리 철저히 해도) 구별되지 않는 체험들을 만들어 낼 수 있음을 보여 준다 해도 나는 전혀 당황하지 않을 걸세. 출발은 모두 똑같은 거니까. 항해의 절정은 상륙일세. 성인聖人은 성인됨을 통해 그의 신비주의(만약 그가 신비주의자라면 말이야. 그렇다고 물론 모든 성인이 신비주의자는 아닐세)가 그를 올바로

---

72) 알프레드 테니슨Alfred Tennyson의 시 〈율리시스*Ulysses*〉에 나오는 구절.

이끌었음을 입증하네. 그가 신비주의를 실천했다는 사실이 그의 거룩함을 입증하지는 못하지.

내가 그토록 세상 너머를 들여다보고 싶어 하면서도 왜 신비주의자의 삶을 시도하지 않았느냐고 묻고 싶을 수도 있겠군. 하지만 그건 신비주의자의 삶을 추구하는 동기치곤 최악의 것이 아닐까? 성인에게는 "필멸의 존재로서 불멸하는 죽음의 장미를 엿볼 기회"[73]가 생길지도 모르지만, 그것은 부산물일 따름이네. 그가 배에 오른 것은 순전히 겸손하고 이타적인 사랑 때문일세.

신비주의를 향한 나의 욕구는 물욕과는 전혀 상관없지만 사도 바울의 판단으로 보자면 '영'이 아니라 '육체'에 해당하네. 영적인 것에 대해서도 충동적이고 고집스럽고 탐욕스러운 욕구가 있을 수 있는 거야. 우리의 다른 욕망들처럼 그 욕구도 '십자가에 못박아야' 하네. 하지만 그 후에는 죽은 자 가운데서 살아나 우리 축복의 일부가 될 수 있지.

이제 자네 편지의 또 다른 요점으로 돌아가 보세. 다른 사람들을 위한 기도가 나 자신을 위한 기도보다 훨씬 하기 쉽다는 건 나도 의식하고 있었네. 자네는 그것이 우리가 타인의 사랑charity에 의지해서 살도록 만들어진 존재임을 보여 준다고 했지. 그런 자네의 견해에 동의할 수 있다면 참 좋겠네. 하지만 내가 중보기도를

---

73) 영국의 시인인 드 라 메어Walter John de la mare의 시 〈상상의 긍지*The Imagination's Pride*〉에서 인용한 구절.

쉽게 생각하는 데는 그리 선량하지 못한 이유가 두 가지 있어. 하나는 내가 누군가에게 해 줘야 할 일을 기도로 때우려 할 때가 많다는 거야. 따분한 사람을 찾아가는 일보다는 그를 위해 기도하는 편이 훨씬 쉽거든. 또 다른 이유도 이와 크게 다르지 않네. 자네가 습관적인 죄(괜찮다면 이런 죄에 속하는 짧은 목록을 보내 주겠네)를 이겨 낼 은혜를 받을 수 있도록, 내가 자네를 위해 기도한다고 해 보세. 글쎄, 그럼 이제 남은 일은 하나님과 자네의 몫이 되네. 반면 내가 나 자신의 습관적인 죄를 벗게 해 달라고 기도할 경우 내가 해야 할 일이 생기겠지. 바로 이런 이유 때문에 어떤 행동이 죄라는 걸 인정하기 싫어질 때가 있다네.

그럼에도 기도해 줘야 할 사람들 목록이 점점 늘어서 노년에 부담이 되는구먼. 하지만 목록에서 누군가의 이름을 지우려고 하면 거리낌이 생기네. 말 그대로 거리낌이야. 누군가를 위해 기도를 시작했으면 일평생 그를 위해 기도하는 것이 의무라고 생각해서 그런 건 결코 아닐세. 하지만 그 사람의 이름을 **지금**, 이 특정한 날에 지우려고 하니, 어쩐지 영 내키지 않는단 말이지. 그렇게 목록이 길어지다 보면 그저 그들의 이름만 부르는 것조차 만만치 않은 일이 된다네. 하지만 여기엔 다소 흥미로운 법칙이 작용한다네. 하나님께 마음을 집중하다 보면 자연히 기도해 줘야 할 사람이 생각나게 되지만 그 반대로 되지는 않더란 말이지. 자네는 그렇지 않나?

13

Letters
Malcolm

방금 오래된 공책에서 작자미상의 시 한 편을 발견했네. 그런데 시의 내용이 몇 주 전 우리가 주고받은 주제와 관련이 있더군. 기도하다 보면 우리의 기도를 듣는 대상이 없는 건 아닐까, 기도라고 부르는 것이 사실은 자기 자신에게 중얼대는 독백이 아닐까 하는 두려움이 떠나지 않는다고 했던가. 이 시인은 그 질문에 정면으로 맞서 이렇게 말하고 있네. "그래 좋아, 그렇다고 가정하자." 그리고 그는 놀라운 결과를 얻게 되네. 여기 그 시를 적어 보겠네.

주님, 그들이 말합니다.
제가 당신과 대화를 나누는 듯 보일 때

들리는 건 한 목소리니, 모두 꿈일 뿐이라고.
한 사람이 둘인 척 흉내 내는 것일 뿐이라고.

분명 그럴 때도 있지만,
그들이 생각하는 것과는 다릅니다.
제 안에서 하고 싶은 말을 뒤졌지만
보십시오! 제 우물은 말랐습니다.

그때, 제 우물이 빈 것을 보신 당신께서
듣는 역할을 그만두시고
어눌한 제 입술을 통해 제가 전혀 몰랐던 생각을
속삭이고 표현하셨습니다.

그러므로 당신께는 대답이 필요하지 않고
필요할 수도 없습니다. 우리 둘이서
대화를 나누는 듯해도, 당신께서 영원히 홀로 말씀하십니다.
꿈꾸는 것은 제가 아니라 당신이십니다.

꿈이라는 단어가 이 시를 범신론적으로 보이게 하지만, 아마도
운을 맞추려고 집어넣은 듯해. 하지만 독백이 가장 완전한 상태의
기도라는 시인의 생각은 옳지 않은가? 성령께서 사람 안에서 말씀

하신다면, 우리가 기도할 때 하나님이 하나님께 말씀하시는 게 되네. 그러나 청원자인 인간이 '꿈'이 되는 건 아닐세. 자네가 지난번에 말한 것처럼, 두 인간은 한 지점을 동시에 차지할 수 없지만 하나님과 인간이 만나는 지점에서는 다르다네. 창조주와 피조물로 만나는 그 지점에서는 창조—하나님께는 시간을 초월한 일이지만 우리에게는 끊임없이 시간상에서 이루어지는 일—의 신비가 실제로 이루어진다네. "하나님이 그것을 (말씀)하셨다"와 "내가 그것을 (말)했다"가 둘 다 옳을 수 있다는 뜻일세.

오언 바필드가 《체면 살리기 *Saving the Appearances*》에서 주장한 두 가지 격언을 기억하나? 하나님이 나 자신과는 다른 존재임을 생각지 않는 사람은 종교를 가졌다고 말할 수가 없다, 그러나 내가 다른 사람이나 일반 물체들과 다르듯 그런 방식으로 하나님과 내가 다른 것이라고 생각한다면, 나는 그분을 우상으로 만드는 것이다.

내가 지금 그분을 어떻게든 나와 **유사한** 존재로 다루려고 무리수를 쓰는 것 같군. 그러나 그분은 우리 존재의 근거이시네. 그분은 언제나 우리 안팎 모두에 계시지. 우리의 실재는 하나님이 순간순간 우리에게 투사하시는 그분의 실재에서 나온다네. 우리의 기도나 행동이 우리의 내면 더 깊은 차원에서 솟아오를수록, 그것은 더욱 그분의 것이면서도 우리의 것이네. 그분의 것이 될수록 우리에게서 멀어지는 게 아니란 말이지.

아널드는 우리 각자가 "인생의 바다" 위에 뜬 "고립된" 섬이라고 말했네. 그러나 우리는 하나님께로부터 떨어져 나와 '고립될' 순 없네. 내가 자네와 분리된 것처럼 하나님과 분리된다면 멸절하고 말 걸세.

질문이 하나 떠오르는군. 거짓말쟁이나 신성모독자가 말할 때도 여전히 하나님이 말씀하시는 걸까? 어떤 의미에서는 그렇다고 할 수 있네. 사람이 하나님과 떨어진다면 말조차 할 수 없기 때문일세. 하나님의 말씀에서 나지 않은 말이 없고, 순수 현실태이신 분에게서 오지 않은 행동도 없네. 신학이 가르치는 죄의 가증함을 실감할 수 있는 방법은 하나뿐일세. 모든 죄는 하나님이 우리에게 불어넣으신 에너지를 뒤틀어 버린 것임을 기억하는 거지. 그렇게 뒤틀리지 않았다면 그 에너지는 '하나님이 하신 일'이면서 동시에 '내가 한 일'이라고 말할 수 있는 거룩한 행위들로 꽃필 수 있었을 거야. 우리는 하나님이 우리 안에 부으시는 포도주를 못 쓰게 만들고, 우리를 악기 삼아 연주하기 원하시는 곡조를 죽여 버리네. 우리는 그분이 그리기 원하시는 자화상을 우스꽝스럽게 망쳐 버린다네. 따라서 종류를 막론하고 모든 죄는 신성모독이라 할 수 있지.

창조주와 피조물의 관계에 의해 '주어 진' 양자간의 존재론적 연속성은, 하나님과 인간의 의지의 연합과는 분명 구별되어야 하네. 이 연합은 하나님의 은혜 아래서 거룩한 삶으로 드러나게 되지. 그러나 존재론적 연속성은 변하지 않으며 하나님과 성인 사이는 물론 하나님과 무뢰한(혹은 귀신) 사이에도 존재하네. "내가 주의 영을 떠나 어디로 가며 주의 앞에서 어디로 피하리이까? 내가 하늘에 올라갈지라도 거기 계시며 음부에 내 자리를 펼지라도 거기 계시니이다."[74]

반면 두 의지의 연합은 기도가 있는 곳에서만 일어나지. 미약하나마 기도가 있는 곳에서는 이 연합을 위한 노력이 있다고 봐야하네. 하나님이 인간을 통해 행하시거나 말씀하시려고 애쓰시는 것이 부분적이고 왜곡된 모습으로 하나님께 되돌아가는 거야.

왜 그렇게 '빙빙 둘러' 가야 하느냐고? 그래, 자칫 우스워 보일 수 있지. 하나님이 왜 인간을 통해 스스로에게 말씀하셔야 하느냐고 묻고 싶나? 나는 오히려 이렇게 묻게 되네. 하나님은 왜 그분의 피조물들을 통해 무엇인가 하셔야 하는 걸까? 전능자의 명령 한마디면 어떤 목적이건 순식간에 완벽하게 이루실 텐데, 왜 하나님은 그런 목적들을 천사들과 (언제나 제대로 순종하지도 맡은 일을 완벽히 해 내지도 못하는) 인간들의 노력, 비이성적 생물이나 무생물의 활동을 통해 빙빙 둘러서 이루셔야 한단 말인가?

창조는 처음부터 끝까지 위임인 것 같네. 하나님은 피조물이 할 수 있는 일을 그분 혼자서 처리해 버리지 않으시네. 그건 하나님

---

74) 시편 139편 7절.

이 주시는 분giver이기 때문 아닐까. 하나님은 오직 그분 자신을 주시네. 친히 창조하신 것들을 통해 그분의 일을 하시는 것, 그것이 바로 그분 자신을 주시는 걸세. 어떤 의미에서는 다양한 수준에서 자신을 주신다고 말할 수 있네.

범신론에 따르면 하나님은 만유all이시네. 그러나 창조는 하나님이 만유가 되시는 것만으로 만족하지 않으셨음을 분명히 보여주네. 그분은 '**만유 안에 만유가**' 되려to be all in all 하시네.[75]

이 진리를 표현할 때 인간의 창조와 하나님의 성육신 사이의 구별이 모호해지지 않도록 조심해야 하네. 이렇게 표현하면 어떨까? 창조 시에 하나님은 인간을 만드―창안하―시고 '말씀으로'―주입하심으로― 그를 자연의 영역 속에 두셨네.

성자 하나님은 성육신을 통해 인간 예수의 몸과 영혼을 취하시고 자연환경 전체와 모든 피조물의 곤경을 당신의 존재 속에 담아내셨네. 그러므로 "그가 하늘에서 내려와"[76]는 '하늘이 땅을 끌어올려 그 안으로 담아내어'라고 고쳐서 표현할 수도 있을 듯하네. 하나님은 국지성, 한계, 잠, 땀, 피곤한 발, 좌절, 고통, 의심과 죽음을 직접 체험하는 자로서 온 세상 이전부터 아신다는 뜻일세.

순전한 빛이 땅을 거니셨네. 어두움은 신성神性의 심장 속으로

---

75) 고린도전서 15장 28절 참조.
76) 니케아 신경의 4번째 조항 "그는 우리 인류를 위하여, 우리 구원을 위하여 하늘에서 내려와"에서 인용.

빨려 들어갔다네. 자존하는 빛 가운데가 아니면 어두움이 어디에
잠길 수 있겠나?

14

하나님이 피조물들을 '말씀으로 내신다', '창안하신다'는 말로 내가 '창조의 개념을 희석시키고' 있다는 자네의 비판은 절대 인정할 수 없네. 나는 희미한 유비를 통해 창조의 내용을 다소나마 표현하려고 시도한 것뿐일세. 창조의 정의는 물론 '무로부터 *ex nihilo* 만드는 것'이지. 그러나 나는 이 정의를 "선재先在하는 어떤 물질로부터가 **아닌**"의 뜻으로 이해하네. 그것이 하나님이 생각하지 못했던 것을 만드신다거나 그분이 가지고 있지 않은 능력이나 아름다움을 피조물에게 주신다는 뜻일 수는 없네. 어떤 사람의 작품이 '그의 머릿속에서 온전히 흘러나왔을 때' 창조에 가장 가깝다고 생각하지 않나.

그러나 나는 '유출emanation'설을 제안하는 건 아닐세. '유출'—말 그대로 하자면 흘러넘침, 새어 나감—의 특성은 본의 아닌 현상을 나타내지. 그러나 내가 사용한 단어인 '말씀하심'과 '창안하심'은 그분의 의도적인 행동을 나타내기 위해 쓴 걸세.

하나님의 창조행위는 전적으로 인간의 상상을 초월한다네. 인간은, 심지어 시인이나 음악가 또는 발명가조차도 궁극적인 의미에서는 무언가를 **만들지** 못하기 때문이야. 우리는 기존의 재료를 활용해서 조립할 따름이지. 우리가 창조행위에 대해 아는 바는 모두 피조물과 창조주와의 관계를 추측해서 나온 추론일 따름이야.

이교도들도 문 앞에 서 있는 거지가 변장한 하나님일지도 모른다고 생각했네. 우리 주님은 양과 염소의 비유를 들려주시면서 거지에게 하거나 하지 않은 일이 그분께 하거나 하지 않은 일이라고 말씀하셨네.[77] 범신론적 극단의 입장에서 이 말씀을 해석하면, 인간은 하나님의 다른 모습, 말하자면 하나님이 인간의 모습으로 가장假裝을 한 것뿐이라는 뜻이겠지. 율법주의적 극단의 입장에서 해석하면, 거지에게 베푼 친절을 그분께 베푼 친절로 '간주'하신다는 의미일 거야. 아니면 우리 주님의 말씀이 시사하는 것처럼 가장 작은 자들이 그분의 '형제'이므로 그러한 행동 전체가 소위 '가족 안에서 이루어지는 일'이라고 이해할 수도 있겠군. 그렇다면 어떤 의미에서의 형제일까? 생물학적으로 예수님이 사람이시

---

77) 마태복음 25장 31-46절 참조.

기 때문에? 존재론적으로 빛이 그들 모두를 비추기 때문에? 아니면 그저 '형제처럼 사랑하셨기' 때문에? (여기서의 '형제'가 구원받은 자들만 가리킨다고 볼 수는 없네.) 먼저 묻고 싶은 게 있어. 이러한 해석 중 하나만 '옳고' 나머지는 모두 틀린 걸까? 그럴 것 같지는 않네. 잘 알지 못하니 더 이상 자신 있게 말하지는 못하겠네만.

한편, 나는 오언의 견해를 고수하겠네. 천사로부터 원자에 이르는 모든 피조물은 하나님과 다르다네. 비할 바 없이, 같은 기준으로 측정할 수 없이 다르네. 심지어 '존재하다'라는 단어 하나도 하나님과 피조물에게 정확히 똑같은 의미로 적용할 수 없어. 물론 모든 피조물들 또한 서로 다르네. 그러나 피조물끼리 서로 다름과, 피조물과 하나님과의 다름에는 차이가 있네. 하나님은 피조물 사이의 다름과는 전혀 다른 방식으로 각 피조물 안에 계시네. 그분은 모든 피조물의 토대이며 뿌리이자 계속해서 실재하게 하는 분으로 계시지. 그리고 선한 이성적 피조물 안에선 빛으로, 악한 피조물 안에선 불로 거하신다네. 우리의 부질없는 외면과 저항을 뚫고 처음에는 연기처럼 피어오르는 불안으로, 이후에는 불타오르는 고뇌로 말일세. 그러므로 각 피조물에 대해 이렇게 말할 수 있네. "이것 또한 당신이시나 또한 당신이 아니기도 합니다."

단순한 믿음은 놀랄 만큼 쉽게 이런 결론으로 도약하네. 히틀러를 봤다는 유럽의 한 목회자와 대화를 나눈 적이 있는데, 어떤 기준으로 봐도 히틀러를 증오할 충분한 이유가 있는 사람이었지.

"그 사람이 어떻게 생겼던가요?" 하고 묻자 그 목회자가 이렇게 대답했어. "여느 사람과 다를 바 없었습니다. 그리스도와 같은 모습이었지요."

그리스도인은 언제나 적어도 두 개의 전선에서 싸우고 있네. 범신론자들 사이에 있을 때는 피조물의 구별됨과 상대적 독립성을 강조해야 하지. 이신론자들 사이에 있을 때는, 또는 울리치의 평신도들이 하나님을 실제로 하늘에서 찾아야 한다고 생각한다면 그곳에서도[78] 내 이웃, 개, 양배추 밭에 임재하시는 하나님을 강조해야 하네.

단순한 '무소부재無所不在omnipresence'가 아니라 구체적인 대상 속에서 하나님의 임재를 찾는 것이 훨씬 현명한 일일 거야. 아주 순진한 사람들(혹시 울리치 사람들?)은 편재라는 단어에서 공간에 퍼져 있는 가스 같은 무엇을 연상하기 때문일세. 또한 편재는 하나님이 모든 것에 계시지만 반드시 같은 방식으로 계신 것이 아니라는 중요한 구분을 흐려 놓는다네. 하나님이 축성된 떡과 포도주 안에 계신 방식과 사람 안에 계신 방식이 다르고, 악인과 선인 안에 계신 방식이 다르고, 사람과 짐승 안에 계신 방식이 다르고, 짐승과 나무 안에 계신 방식이 다르고, 나무와 무생물 안에 계신

---

78) 울리치 지역의 주교 존 로빈슨은 하나님이 하늘나라에 계시다는 견해에 의문을 제기했다. 루이스는 여기서 로빈슨 주교의 말대로 그의 교구민들이 하나님이 물리적 '하늘'에 있다고 생각했겠느냐고 은근히 놀리고 있다.

방식이 다르다네. 여기에 한 가지 역설이 있다고 봐. 고등한 피조물일수록 하나님이 그 안에 더 계시기도 하고 덜 계시기도 하다는 걸세. 은혜로는 더 많이 계시지만, 힘 자체로는 덜 계시거든(일종의 자진퇴위랄까). 하나님은 고등한 피조물들에게 그분의 뜻을 원할 수 있는 ('그리고 작은 삼지창을 휘두를 수 있는') 힘을 주시네. 하등한 피조물은 단지 그분의 뜻을 자동적으로 수행할 따름이지.

구체적인 성소聖所, 성물聖物, 성일聖日 등이 있다는 건 바람직하네. 이런 구심점이나 기념물이 없다면, 모든 것은 거룩하며 '하나님을 담고 있다'는 믿음은 금세 쪼그라들어 막연한 감정만 남게 될 테니까. 그러나 이러한 성소, 성물, 성일 등이 모든 땅이 거룩하고 모든 떨기가 (우리가 알아볼 수만 있다면) 불붙은 떨기임을 더 이상 연상시켜 주지 못하고 오히려 그것을 망각하게 만든다면, 그 시점부터 그 '신성한' 것들은 해를 끼치기 시작한다네. 그러므로 '종교'는 필요하면서도 끊임없이 위험한 걸세.

뵈메Jacob Boehme[79]는 우리에게 한 시간에 한 번씩 "모든 피조물 너머로 자신을 날려 보내라"고 충고하네. 하지만 하나님을 찾기 위해서라면 반드시 피조물들을 벗어나야 할 필요는 없네. 하나님의 임재를 무시할 수는 있어도 그분을 피할 수는 없거든. 세상은 그분으로 충만하다네. 그분은 변장incognito을 하고 모든 곳을

---

79) 1575-1624, 독일의 신비주의자.

다니시지. 그러나 그 변장을 꿰뚫어보기가 그렇게 어려운 것은 아닐세. 정말 어려운 일은 그 점을 기억하고 주의하는 거지. 아니, 깨어나는 것이지. 그보다 더욱 힘든 건, 늘 깨어 있는 거고.

이상한 일이지만, 어떻게 보면 한없이 통탄할 만한 사실이 나에게 이 믿음을 확증해 준다네. 그것은 하나님이 임재하신다는 생각이 대개는 달갑지 않다는 점이야. 하나님을 피하고 싶은 순간들이 있다는 것은 언제, 어디에나 임하시는 그분의 임재에 대한 반증 아니겠나. 내가 기도 중에 하나님을 부르면 그분은 다음과 같이 대답하실 때가 많지 않을까. 아니, 나는 분명히 그럴 거라고 보네. "하지만 너는 지난 몇 시간 동안 나를 피하지 않았느냐." 하나님은 들어 올릴 뿐 아니라 낮추고 부정하고 꾸짖고 저지하기 위해서도 오시는 거니까. "우리가 하는 모든 일에서 우리를 보호prevent하소서"라는 기도는 **방해**prevent를 구한 듯 응답될 때가 많다네. 우리가 일부러 회피하는 임재는 다들 알다시피 하나님의 진노의 임재일세.

이러한 불행에도 한 가지 좋은 점은 있어. 내가 그분의 임재에서 결코 벗어난 적이 없다면, 벗어났다고 좋아했던 순간은 다만 나의 희망이 투영된 꿈이었을 따름이라고 봐야겠지. 이것은 모든 어두운 요소를 배제하고 오로지 위로의 종교를 확립하기 위해 기독교에 물을 타 만든 온갖 버전의 취약성을 설명해 준다네. 물 탄 기독교에 대한 진정한 믿음은 오래가지 않네. 우리가 비록 우둔하고 어리석긴 하지만 모든 면에서 언제나 좋기만 한 것은 객관적인 실재가 아니라는 사실을 희미하게나마 알고 있네. 모서리가 날카롭고, 가장자리가 거칠고, 저항하고, 자기 모습을 고수하는 것이야말로 실재적인 것의 본질이네. 발가락이 차이지도 무릎을 찧을 일도 없는 가구는 꿈속의 가구뿐이지. 자네와 나는 행복한 결혼생활을 누려 본 사람들이야. 하지만 우리 아내들은 사춘기에 꿈꾸던 상상 속의 연인들과 얼마나 달랐나! 그녀들은 상상 속 연인과 달리 우리의 온갖 희망사항에 어긋났고, 바로 그렇기 때문에 (물론 다른 이유들도 있지.) 비할 수 없이 더 나았지.

노예적인 두려움은 가장 열등한 형태의 종교이네. 그러나 노예적인 두려움을 가질 필요가 전혀 없는 신, **안전한** 신, 길들여진 신은 공상에 불과하다네. 건전한 정신을 가진 사람이라면 금세 알 수 있어. 지옥은 전혀 믿지 않으면서 천국에 대해 생생하고 활력 넘치는 믿음을 가진 사람을 나는 만나 보지 못했네.

반면, 종교적 의미와 아무 상관없는 천국과 지옥에 대한 믿음도 있네. 그런 믿음은 천국과 지옥, 혹은 그와 비슷한 장소들을 순전히 육욕적이고 계산적이고 자기중심적인 두려움과 소망의 대상으로 만드네. 더 깊은 수준의 것, 불멸의 영혼만이 원하거나 두려워할 수 있는 것에는 전혀 관심이 없지. 다행히 이런 믿음은 부서지기가 매우 쉽네. 옛날 목회자들은 설교할 때마다 이런 두려움을 불러일으키려고 온갖 정성을 쏟았다네. 그러나 그들이 다소 순진하게 불평한 것처럼, 그 효과는 설교가 끝난 후 채 두세 시간도 지속되지 않았네.

한 번이라도 하나님을 갈망함에 눈뜨고 자극을 받고 고양되어 본 영혼이라면 그분을 잃는 두려움도 알게 된다네. 적어도 나는 그렇게 생각하네.

15

Letters
Malcolm

베티가 이 대화에 말없이 참여하는 세 번째 인물이었음을 이제
야 깨닫다니. 진작 알아차렸어야 했는데 말이야. 그녀를 말없이
참여하는 인물이라 부른 건 베티의 숙적이 베티를 "말없는 여인
The Silent Woman"[80]이라고 비꼬았던 것 때문이 아닐세. 멀링거
에서 보낸 저녁시간에 베티는 전혀 과묵하지 않았잖나. 그보다는
자네와 나 사이에 토론이 길어질 때면 아주 또렷하게 귀청을 울리
곤 하던 그녀의 침묵 때문이라고 할 수 있지. 그 침묵은 우리의 토
론을 통합시키는 경향이 있거든. 베티가 빗자루를 준비하고서 이

---

80) 벤 존슨Ben Jonson의 《에피코이네 *Epicoene, or The Silent Woman*》의 주인공 에피코이
네는 여장 남자로서 말없이 연기만으로 남자를 속이고 그와 결혼한다. 이런 맥락에서
어떤 여성을 '말없는 여인'이라 부르는 건 대단한 모욕이다.

제 곧 우리가 깨뜨린 것을 쓸어 모을 것임을 아는 거지. 현 논점에
대한 베티의 지적이 맞네. 대부분의 신자들이 단순 간단하게 여기
는 문제를 내가 너무 복잡하게 생각하는 건 분명해. 하나님을 믿
는 사람이라면 그분께 말씀드리는 것보다 더 자연스럽고 쉬운 일
이 어디 있겠는가? 또 어떻게 그렇게 하지 않을 수 있겠나?

당연한 얘기지. 하지만 사람에 따라서는 그렇게 단순하지 않을
수도 있다네. 나 같은 처지의 사람들, 즉 어른이 된 후에 회심한 지
식인들은 그렇게 간단하고 자연스럽게 기도를 시작할 수가 없어.
어린 시절로 그냥 훌쩍 되돌아가게 되지는 않네. 시도는 해 보겠
지만, 빅토리아 시대에 복고열풍으로 잠시 모습을 드러내다 만 고
딕양식처럼 되고 말 걸세. 그건 서투른 모방일 뿐 진정한 거듭남
이 아니지 않은가. 우리는 그 단순함을 위해 먼 길을 둘러 열심히
되돌아가야 하네. 나는 기도를 시작하는 첫 순간부터 그 머나먼
길을 따라가야 할 때가 많네.

프랑소아 드 살레François de Sales[81]는 모든 묵상을 이런 문구
로 시작하는군. 하나님의 임재 안에 거하라 *Mettez-vous en la
présence de Dieu*. 이 말에 순종하려다가 엉뚱한 정신활동을 얼마
나 많이 했겠나 싶네.

베티는 내게 기도를 '단순하게' 받아들이라고 하겠지. 그러나

---

81) 1567-1622, 프랑스의 성직자.

그렇게 시도하면 나는 머릿속에 두 가지 '표상' 또는 개념 혹은 허깨비를 나란히 놓게 되네. 하나는 하나님을 나타내는 모호한 빛 덩어리bright blur이고 다른 하나는 내가 '나'라고 부르는 가상의 존재이지. 하지만 나는 그 상태로 둘 수가 없네. 두 가지 모두 허깨비라는 걸 알기 때문일세. 모르는 척 가장해도 소용없다네. 실제의 내가 그 둘 모두를 만들어 냈고, 온갖 심리적 잡동사니를 더없이 모호한 방식으로 쌓아 올린 것이니까.

역설적이지만, 기도의 첫 단계는 이 '모호한 빛 덩어리'를 떨쳐 내는 것일 때가 많네. 좀더 품위 있게 말해서 우상을 파괴하는 것이지. 어느 정도 실체가 있는 것으로 되돌아가 보세. 그래야 제멋대로 상상하지 않을 거 아닌가. 여기 방에는 사면에 벽이 있어. 그리고 나도 여기에 있네. 하지만 사면 벽이나 나는 모두 이해가 불가능한 신비의 외양façade일 뿐이네.

내 방의 벽은 물질이네. 물리학자들에 따르면, 물질이란 상상을 불허하는 그 무엇으로, 수학적으로만 기술할 수 있고, 굽은 공간 curved space에 존재하며 엄청난 에너지로 채워져 있다네. 내가 그 신비를 충분히 꿰뚫어볼 수 있다면 최종적으로 순수한 실재에 도달하게 될지도 모르지.

그렇다면 나는 무엇일까? 내가 의식이라고 부르는 것이 바로 나의 외양이네. 나는 내 방 벽들의 색깔 정도는 의식하고 있네. 그러나 내 생각에 대해서는 그런 식이나 그 정도로 의식하지 못한다네. 내 생각을 가만히 살펴보면 의식이 가능한 부분은 그렇지 못한 부분에 비해서 광활한 심연의 표면을 덮은 더없이 얇은 막에 불과하다는 걸 알게 되기 때문이지. 심리학자들[82]이 그 사실을 가르쳐 주긴 했지만, 결정적으로 생각이라는 심연에 담긴 내용물의 깊이와 다양성을 과소평가하는 오류를 범했네. 생각 속에서는 눈부신 광채와 어두운 구름이 함께 올라오거든. 심리학자들이 성급하게 주장했던 것처럼, 그 모든 매혹적 광경이 위장된 성욕에 불과하다면, 그렇듯 단조롭고 답답한 재료로 그토록 다양하고 자유로운 예술작품들을 만들어 내는 숨은 예술가는 어디에 있는 걸까? 내 생각 속에 담긴 헤아릴 수 없이 깊은 시간에 대해서도 같은 질문을 할 수 있겠지. 그 안에는 나의 모든 과거, 조상들의 과거, 어쩌면 인간 출현 이전의 과거까지 다 들어 있거든.

이 문제에서도, 내가 충분히 깊이 잠수할 수 있다면 또다시 실재의 밑바닥에 닿을 수 있을지도 모르네.

여기까지 생각이 닿으면 내 식으로 '하나님의 임재 안에 거할' 준비가 된 거네. 물질에 대해서건 나에 대해서건, 내가 그 신비를 충분히 멀리까지 뒤따라갈 수 있다면 나를 동일한 지점까지 이끌어 줄 걸세. 바로 그 지점에서 상상불허의 그 무엇이 하나님의 맨손에서 솟아나오네. 인디언은 물질계를 보고 "나는 저것이다"라

---

82) 정신분석학자들을 말한다.

고 말하고 나는 "저것과 나는 한 뿌리에서 나온다"라고 말하네. 둘 다 맞는 말이야. '성부께로부터 나오는 말씀 *Verbum supernum prodiens*'이 물질계와 나, 모두를 만드셨고 이 둘이 주체와 객체로서 만나도록 묶어 주셨으니까.

자네는 이 모든 게 무슨 유익이 있느냐고 묻겠지? 글쎄, 이 지식은 내 기도가 현실에 굳게 자리 잡게 해 준다네. 다른 것들의 실재 여부는 모른다 해도, 주체와 객체의 이 순간적인 조우는 분명히 벌어지고 있거든. 내가 잠자는 때를 제외하면 언제나 벌어지고 있지. 여기서 실제로 하나님의 활동과 인간의 활동이 만나네. 내가 천사이거나, 성육하신 하나님이 내 방에 들어오신다면 어떤 만남이 이루어질지 상상할 필요가 없겠지. 하나님이 '저 위에' 계신지 '저 밖에' 계신지 따질 필요가 없네. 내 존재의 토대로서 '여기 안에' 계신 하나님, 나를 둘러싼 물질의 토대로서 '저기 안에' 계신 하나님, 그리고 유한한 의식이라는 일상의 기적 속에서 그 둘을 품고 결합시키는 하나님의 현재 활동이 있으니 말일세.

그 두 외양—내가 지각하는 대로의 '나'와 내가 지각하는 대로의 방—은 내가 그것들을 궁극적인 실재로 오해하는 동안에는 방해물이었네. 그러나 그것들이 외양임을, 표면에 불과함을 알아보는 순간, 그것들은 안내자가 되었지. 무슨 말인지 알겠나? 거짓말은 우리가 그것을 믿는 동안에만 망상으로 작용하네. 하지만 이미 파악된 거짓말은 실재—진짜 거짓말—이고 그 자체로 큰 교훈을 줄 수 있네. 우리가 깨어나는 순간 꿈은 더 이상 망상이 아니네. 그러나 실재하지 않는 것도 아니지. 그건 진짜 꿈이야. 그리고 교훈을 줄 수도 있어. 무대장치는 진짜 숲이나 거실이 아닐세. 그러나 진짜 무대장치, 좋은 무대장치일 수는 있네. (무엇에 대해서건 '그거 진짜인가?'라고 물어선 안 되네. 모든 것은 진짜이기 때문이지. 올바른 질문은 '그건 진짜 **무엇**인가?'가 되겠지. 이를 테면 '이 뱀이 진짜 뱀인가 아니면 진짜 환각증상delirium tremens[83]인가?'처럼 말이야.) 내 주위에 있는 대상들과 '나'에 대한 개념을 액면 그대로 받아들이면 속고 말 거야. 하지만 하나님의 활동의 최종 결과물로 받아들이면 중대한 의미를 발견하게 될 걸세. 물질의 창조와 정신의 창조는 오직 이 방법으로 서로 만나고 회로가 연결되네.

아니면 이렇게 표현해 보세. 나는 내 주변의 물질적 환경을 무대장치라고 불렀네. 무대장치는 꿈도 아니고 존재하지 않는 것 nonentity도 아닐세. 그러나 무대 위의 집을 끌로 치면 벽돌이나 돌덩이가 나오진 않을 걸세. 화폭에 구멍이 나고 그 뒤쪽 컴컴한 속에서 윙윙 소리만 들려오겠지. 마찬가지로, 물질의 본질을 탐구하기 시작하면 우리가 상상 속에서 물질에 대해 줄곧 기대했던 것은 찾을 수 없고 수학적 속성만을 얻게 될 거네. 내 오감五感은 물질이라는 상상불허의 물리적 실재로부터 몇 가지 자극을 추려내

---

83) 진전섬망증 : 알코올중독의 금단증상으로 나타나는 환각증상.

지. 그 자극들은 내 오감의 번역 내지 기호화 과정을 거쳐 물질의 실재와 전혀 닮지 않은 감각들로 바뀌네. 나의 실용적 필요에 좌우되고 사회적 훈련에 영향받는 내 결합능력은 그 감각들을 조금씩 엮어 (명사로 이름을 붙인) '사물들'을 구성해 내네. 나는 그러한 사물들을 재료로 언덕, 들판, 집, 기타 등등 소도구들이 적절히 갖춰진 작고 깔끔한 나만의 무대장치를 짓는 거고. 그 안에서 나는 연기할 수 있네.

'연기한다'고 말하는 것은 당연하네. 내가 '나 자신'이라고 (온갖 실용적, 일상적 목적으로) 부르는 것은 극적 구성물이기도 하기 때문일세. 그 주된 구성요소는 기억들, 거울에서 힐끗 본 모습들, 오류에 빠지기 쉬운 '자기반성'이라는 활동일세. 보통 나는 이 구성물을 '나'라고, 무대장치를 '실제 세계'라고 부르네.

기도하는 순간은, 이 '실제 세계real world'와 '실제 자아real self'가 결코 근본적인 실재가 아님을 깨닫고 깨우치는—혹은 깨우칠 조건을 제공하는—순간이네. 육체 안에 있는 나는 무대를 떠나 무대 뒤를 들여다보거나 객석에 자리를 잡고 앉을 수 없어. 하지만 그런 영역이 존재한다는 것을 기억할 수는 있지. 또한 겉으로 드러난 내 자아—광대나 주인공 또는 영웅—의 분장 밑에는 무대 바깥의 삶이 있는 진짜 인간이 존재한다는 것도 기억한다네. 극중 인물이 진짜 인간을 그 안에 숨겨 두지 않는다면 무대를 밟을 수도 없어. 실재의, 미지의 내가 존재하지 않는다면 무대 위의 나를 진짜 나로 착각할 수도 없을 거야. 그리고 기도할 때, 이 실제의 나는 그 순간만이라도 다른 배우가 아닌 그 누군가에게 중심으로부터 말을 걸고 인사하려고 애쓴다네. 그 누군가를 뭐라고 불러야 할까? 우리 모두를 만드셨으니 작가? 모든 것을 관리하시니 제작자? 아니면 공연을 지켜보고 판단하실 것이니 관객?

기도는 공간과 시간에서 벗어나는 것이 아니네. 또한 기도는 객체를 대하는 주체로서의 내 피조물적 상황에서 벗어나려는 시도도 아니야. 기도의 목표는 그보다 훨씬 소박하지. 그 상황에 대한 인식을 다시금 일깨우는 데 있네. 그것이 가능하다면, 굳이 다른 곳으로 갈 필요가 없네. 내 앞의 상황 자체에서 매 순간 하나님의 현현顯現theophany이 일어날 수 있거든. 지금 이곳이 떨기나무가 불타는 거룩한 땅이네.

물론 이러한 시도는 크고 작게 성공할 수도 있고 반대로 실패할 수도 있네. 모든 기도에 앞서 우리가 드려야 할 기도는 이것일세. "실제의 제가 기도하게 하소서. 제가 실제 당신께 기도하게 하소서." 우리는 무수히 다양한 수준에서 기도하네. 감정의 강렬함은 영적 깊이를 말해 주는 증거가 아닐세. 겁에 질려 기도하면 물론 진심으로 기도하겠지. 하지만 그건 두려움이 진짜라는 걸 말해 줄 뿐이네. 하나님만이 우리의 심연 속까지 두레박을 내려 주실 수 있네. 그리고 우리도 한편으로는 우상 파괴자로 끊임없이 일해야 하네. 우리가 하나님에 관해 만들어 내는 모든 개념을 하나님이 은혜로써 깨뜨려 주셔야 하지. 기도의 가장 복된 결과는 기도를 마치며 이렇게 생각하는 걸 거야. "하지만 전에는 전혀 몰랐다. 꿈도 꾸지 못했다……."

토마스 아퀴나스는 말년에 자신의 모든 신학이 "지푸라기에 지나지 않는다"고 말했다네. 혹시 그가 그런 순간을 맞은 게 아니었을까.

16

Letters
to Malcolm

내가 하나님을 '모호한 빛 덩어리' 정도로만 생각한다는 뜻은 아니네. 내 말은 내가 기도를 시작할 때 그런 종류의 것을 상상하기 쉽고, 별다른 노력을 하지 않으면 그것이 머리에서 떠나지 않을 거라는 뜻이야. '모호한 빛 덩어리'가 썩 좋은 묘사는 아닐세. 사실 아주 모호한 어떤 것을 잘 묘사할 수는 없지. 만일 묘사가 잘 됐다면 그건 곧 가짜니까.

"다른 사람들처럼 상像images을 사용해 보라"는 베티의 처방이 내게는 그다지 도움이 되지 않는구면. 그리고 상에는 나무나 석고로 만든 외부세계의 형상도 있고 심상도 있는데 베티가 말한 건 어느 쪽인가?

형상에 대해 말하자면, 나는 베티가 생각하는 것처럼 '우상숭배' 공포증에 시달리고 있지는 않네. 우리 같은 타입의 사람들에겐 그럴 위험이 적은 편이지. 우리는 형상이 물질 조각에 불과하다는 걸 결코 잊지 않을 걸세. 게다가 내게는 형상의 쓰임새가 그리 많지 않네. 나는 무엇인가 — 어떤 것이든 거의 상관없이 — 에 시선을 고정하는 것만으로도 집중하는 데 어느 정도 도움이 된다고 생각하네. 시각적인 집중은 정신집중을 상징하고 또 돕기도 하거든. 몸이 영혼을 가르치는 한가지 방식이지. 잘 설계된 교회에서는 자연스럽게 제단에 시선을 집중하게 되는데 이것도 비슷한 효과라고 할 수 있네.

내가 형상에서 얻을 수 있는 유익은 이게 전부인 것 같네. 이보다 더 많은 것을 얻으려 들면 오히려 잃는 게 많아질 거야. 우선, 형상의 예술적인 장점 내지 단점(이쪽의 가능성이 더 많아)이 나의 주의를 흩어 놓을 걸세. 또 하나, 성부나 성령에 대한 그럴듯한 형상은 있을 수 없으니 만일 하나님을 형상화한다면 흔히 우리 주님이 그 대상이 될 걸세. 그런데 계속해서 그분께만 기도를 드리다 보면 소위 '예수 숭배'의 경향이 생기지 않겠나? 그것 나름으로 가치가 있지만, 그것이 전부라면 예수님이 가르치신 것과는 다른 종교일세.

심상에는 형상의 결함뿐 아니라 또 다른 문제가 있다네.

이그나티우스 로욜라Ignatius Loyola[84]는 묵상할 때 장면설정 *compositio loci*으로 시작하라고 제자들에게 조언했네. 예수 탄생이나 가나 혼인잔치, 그 외 어떤 주제건 그 장면을 가능한 자세하게 머릿속으로 그려 보라는 거지. 그의 영국인 제자 중 한 명은 훌륭한 작가들의 작품 중에서 '언덕의 높이와 마을의 상황', 즉 예수님 당시의 지형을 제대로 파악할 수 있을 정도로 '성경의 장소를 잘 묘사한 부분'을 찾아보라고 말한다네. 그러나 이 방법이 '내 처지에 맞지 않는' 이유는 두 가지라네.

하나는 내가 고고학이 발달한 시대에 살고 있기 때문이지. 로욜라와 달리 우리는 더 이상 우리 시대의 옷, 가구, 도구들을 고대 팔레스타인 지방에 자신 있게 대입할 수 없네. 내가 그것들을 제대로 파악할 수 없음을 알기 때문일세. 그 지방의 하늘과 햇빛마저도 북쪽지방의 내가 상상하는 것과는 다르네. 그렇다고 짐짓 아무것도 모르는 체 가장할 수는 없지 않은가. 그렇게 했다가는 시각화라는 시도 전체가 부질없는 일이 돼 버릴 걸세.

두 번째 이유는 더 중요하네. 로욜라는 위대한 스승이었으니 제자들에게 무엇이 필요한지 분명히 알았을 걸세. 그들은 분명 시각적 상상력이 부족해서 그 부분에 자극이 필요했던 사람들일 걸세. 그러나 자네와 나 같은 이들에게는 정반대의 문제가 있네. 우리가 이런 얘기를 나눌 수 있는 건, 자네와 나 사이에서 이것은 잘난 척이 아니라 솔직한 고백이기 때문이지. 시각화하는 능력—또는 시

---

84) 1491-1556, 예수회의 창설자.

각화하지 않고는 못 견디는 충동—은 진정한 의미의 '상상력'도 아니며, 위대한 작가나 감수성이 뛰어난 독자의 상상력과도 다르다는 것을 알지 않는가. 이 시각화 능력을 제대로 활용하면 진정한 상상력에 도움이 되는 경우도 있지만, 오히려 방해되는 경우가 훨씬 많다네.

내가 장면설정을 출발점으로 삼는다면 결코 묵상에 이르지 못할 걸세. 머릿속에선 그림이 한없이 자세히 그려질 것이고 시간이 갈수록 점점 엉뚱하게 변해 갈 거네.

부질없이 꼬리를 물고 이어지는 그림들로 나를 이끌지 않는 심상이 딱 하나 있네. 그것은 예수님의 십자가 처형일세. 온갖 그림들과 십자가상들이 보여 주고자 했을, 원래 역사상의 처형 장면 말이네. 그러나 이것조차도 생각만큼 영적 가치가 크진 않네. 가책, 연민, 감사 등 모든 유익한 감정이 억압당하거든. 순수한 물리적 공포는 다른 감정을 느낄 여지를 남겨 주지 않네. 악몽인 거지. 우리는 십자가 처형의 심상을 정기적으로 마주해야 하지만 그 누구도 그것과 더불어 살 수는 없어. 그것이 기독교 예술에서 자주 등장하는 모티프가 된 것은 십자가 처형 장면을 실제로 목격했던 세대가 모두 죽은 이후의 일이지. 그 주제에 대한 수많은 찬양과—정말 중요한 것은 그것뿐이라는 듯 피에 대해 끊임없이 되풀이하는—설교에 대해서라면, 그 작사가들과 설교자들은 내가 도무지 이를 수 없는 높은 수준의 사람들이거나 아니면 상상력이 전혀 없는 사람들인 게 분명하네. (두 가지 특성을 다 가진 사람들도 있겠지.)

그러나 어쨌든 심상들은 내 기도에서 중요한 역할을 하네. 그것들이 없다면 내 안에 어떤 의지의 행동이나 생각, 감정이 일어날지 알 수 없거든. 심상이 일시적이고 단편적일수록 더욱 도움이 되지. 샴페인 거품처럼 생겼다 터지고, 바람 부는 하늘의 까마귀 떼처럼 금세 날아가고, 재치 있는 시인의 작품에 등장하는 수많은 비유처럼 (논리적으로) 서로 모순을 이룰 때 말일세. 어느 하나만 따로 떼어내면 생명력을 잃어버리니. 블레이크가 작별키스로 기쁨을 보낸 것처럼,[85] 우리도 심상들을 그렇게 놓아 주어야 하네. 그러면 그 심상들 전체가 하나로 어우러져 아주 중요한 그 무엇과 나를 이어 준다네. 그 무엇은 언제나 어떤 성질quality에 해당하지. 명사라기보다는 형용사에 가깝다네. 그 때문에 나는 그 안에서 실재만이 가지고 있는 힘을 느끼네. 내 생각에 사람들은 명사 (와 그것이 표현하는 것)를 지나치게 존중하는 것 같네. 하지만 내가 아주 어릴 때 겪었던 가장 인상적인 경험은 모두 어떤 성질에 관한 것이었네. 끔찍함과 사랑스러움이라는 성질은 끔찍한 것, 사랑스러운 것보다 더 오래 지속되고 확고하게 남는다네. 혹시 악구樂句를 말로 옮길 수 있다면 그건 형용사가 될 걸세. 위대한 서정시

---

85) 블레이크의 시 〈영원Eternity〉에 나오는 내용.

는 길고 딱 들어맞는 형용어구와 아주 비슷하다네. 플라톤이 추상명사, 즉 명사로 가장한 형용사를 최고의 실재들, 형상 The Forms 들로 높인 것은 근대인들이 평가하는 것처럼 그리 어리석은 처사가 아니었네.

논리학에서는 하나님이 '실체substance'라는 걸 나도 잘 아네. 하지만 하나님의 성질을 묻는 것이 정당함은 다음의 기도로 알 수 있네. "주의 크신 영광으로 인해 주께 감사하나이다." 하나님은 이 영광**이시네**. 하나님의 특성(성질)은 그분에게서 추상해 낸 개념이 아니네. 하나님은 분명 인격적인 분이지만 인격성보다 훨씬 더 크신 분일세. 좀더 냉정하게 말하자면, 하나님께는 '사물things'과 '성질', '실체'와 '태도attitude'의 구분 자체가 적용되지 않네. 어쩌면 그 구분은 이 세상에서조차 우리 생각만큼 썩 타당하지 않을지도 몰라. 그것도 무대장치의 일부일 뿐인지도 모르지.

기도할 때 물보라처럼 밀려오는 심상은 모두 일시적이지만 서로서로를 교정해 주고 정련하며 '활력을 주고받고', 상상을 불허하는 것들에게 영적 몸뚱이를 부여하네. 이러한 심상들은 청원기도보다는 경배기도에서 더 자주 밀려오더군.

청원기도에 대해 너무 많이 쓴 것 같기도 해. 하지만 후회하지는 않네. 그것이 올바른 출발점이거든. 모든 문제의 근원이기도 하고. 나는 청원기도의 문을 지나지 않고서 더 높은 형태의 기도를 하거나 그런 기도를 논하려 드는 사람은 믿을 수 없네. "낮은 것 없이는 높은 것이 서지 못하는 법"[86] 아닌가. 청원기도를 하지 않거나 경멸하는 것은 탁월한 거룩함의 표시가 아니라 믿음이 부족하여 낮은 수준에서 만족한다는 표시일 수 있다고 보네. 기도가 도무지 익숙하지 않아 "이건 내가 스스로에게 말하는 것이 아닐까?"라는 질문조차 나오지 않는 그런 수준 말일세.

---

86) 토마스 아 켐피스의 《그리스도를 본받아》에서 인용.

17

Letters
Malcolm

다른 사람도 아닌 자네가 경배나 경외adoration의 기도에 대해 내 의견을 묻다니 우습군. 이 주제에 대해 내가 아는 내용은 거의 모두 자네한테서 배운 것인데 말이야. 글로스터셔의 숲속을 거닐던 날이었는데. 그새 잊었단 말인가?

'지금 있는 자리에서 시작하라'는 중대한 원리를 처음 가르쳐 준 사람은 자네였네. 그전까지 나는 기도하기 전에 먼저 창조와 구속救贖과 "이생의 모든 축복"을 생각하며 하나님의 선하심과 위대하심에 대해 우리가 믿는 바를 다 떠올려야 한다고 생각했거든. 그날 자네는 시냇가로 가더니 바위에서 떨어지는 물을 받아 달아오른 얼굴과 양손을 번갈아 적시며 이렇게 말했지. "이것부터 시작하는 건 어때?"

그리고 그건 효과가 있었네. 얼마나 큰 효과였는지 자네는 예상도 못했을 거야. 부드러운 이끼, 차가운 물, 주변 소리와 춤추는 햇빛은 "은혜의 방편means of grace[87]과 영광의 소망"에 비하면 정말 사소한 축복이었지. 하지만 명백한 축복이었네. 적어도 그곳에선, 보이는 것이 믿음을 대신한 걸세.[88] 그것들은 영광의 소망이 아니라 영광 그 자체의 현시였네.

그러나 자네가 '자연' 또는 '자연의 아름다움'이 하나님의 영광을 드러낸다고 얘기했던 건 아니야. 적어도 내게는 그렇게 보였네. '자연' 같은 추상개념은 등장하지도 않았지. 그날 내가 배웠던 건 우리의 감각에 와 닿는 **즐거움**들이 영광의 광선이라는, 훨씬 더 신비로운 교리였네. 영광이 우리의 의지나 이해력에 영향을 미칠 때, 우리는 그것을 선함, 진리 등의 다른 이름으로 부르네. 하지만 우리의 감각과 기분에 닿을 때 그것을 **즐거움**이라 부르지.

나쁘고 불법적인 즐거움도 있지 않느냐고? 물론 있지. 하지만 '나쁜 즐거움'이라는 말은 일종의 준말이라고 봐야 할 거야. '불법적인 행위로 강탈한 즐거움'이라는 뜻이거든. 나쁜 것은 사과의 단맛이 아니라 사과를 훔친 짓이네. 단맛은 여전히 영광의 빛이지만 그렇다고 해서 도둑질에 면죄부가 주어지지는 않네. 오히려 더욱

---

87) 말씀, 기도, 성만찬 등 하나님의 은혜를 받는 통로를 가리킨다.
88) 고린도후서 5장 7절 참조.

악독한 범죄가 되지. 절도에는 신성모독의 요소가 있거든. 거룩한 것을 모욕한 것이니 말일세.

그때 이후, 나는 모든 즐거움을 하나님을 경외하는 경로로 삼고자 애써 왔네. 즐거움을 주신 하나님께 감사한다는 뜻만은 아닐세. 물론 감사해야 하지만, 내가 말하는 건 좀 다른 거지. 그것을 어떻게 표현하면 좋을까?

우리는 새의 노랫소리를 그저 소리로만 듣고 말 수가 없네. 그 소리와 더불어 '저건 새다'라는 의미나 메시지가 불가피하게 따라오니까. 인쇄되어 나온 익숙한 단어를 읽을 때 그것이 시각적 형태로만 보이지 않는 것도 이와 같네. 읽기는 보기만큼이나 반사적으로 이루어지거든. 바람이 윙윙거릴 때 내가 듣는 것은 그저 윙윙 소리만이 아닐세. 나는 '바람을 듣지.' 이와 마찬가지로, 한 가지 즐거움을 '누리'면서 동시에 그것을 '읽는' 것도 가능하네. '동시에'라는 말은 불필요할지도 몰라. '누림'과 '읽음' 사이의 구분은 없어져야 마땅하고 가끔은 없어지기도 하네. 즐거움을 받아들이는 일과 그것이 하나님께로부터 왔음을 파악하는 일은 나누어질 수 없는 하나의 경험이거든. 즐거움이라는 천국의 열매에서는 그것이 자라난 과수원의 향기가 난다네. 그 달콤한 공기는 고향에 대해 속삭이지. 이것은 메시지라네. 영원한 즐거움이 있는 그 오른쪽[89]의 손가락이 우리를 만지고 있다는 메시지. 우리는 감사나 찬양을 어떤 사건이 벌어진 이후에 나타나는 별개의 반응으로 볼 필요가 없네. 하나님의 작은 현현을 경험하는 것 자체가 그분을 경외하는 것이니까.

감사는 몹시 감탄하며 이렇게 외치네. "제게 이것을 주시다니 하나님은 참으로 좋으신 분입니다." 경외는 이렇게 말하지. "멀리서 잠시 반짝이는 빛이 이 정도라면 도대체 그분은 어떤 존재이신가!" 우리 마음이 햇살을 거슬러 태양으로 달려가는 거라네.

나는 모든 즐거움을 하나님의 현현으로 보려 하네. 항상 그렇게 할 수만 있다면, 하나님이 주신 것으로 받아들일 수 없을 만큼 너무 평범하거나 진부한 즐거움이란 없을 걸세. 창문을 열고 내다보는 순간 뺨 전체를 스치는 공기의 첫맛은 물론이고, 잠잘 때 신는 슬리퍼의 부드러운 감촉도 예외가 아니네.

내가 늘 그 목표를 달성하는 건 아니네. 부주의가 한 가지 방해물이고 잘못된 주의집중도 그렇다네. 누구든지 연습만 하면 바람의 윙윙거림에는 귀를 막고 단순히 윙윙 소리만 들을 수 있네. 마찬가지로 즐거움을 자신의 신경체계 안에서 벌어지는 사건으로만 여기고 거기에 집중하며—주관화시키고—함께 따라오는 신성의 향내는 쉽게 무시할 수 있다네. 세 번째 장애물은 탐욕일세. "이것 또한 당신입니다"라고 말하는 대신, 치명적인 단어 **한 번 더**를 외치는 거야. 자만도 있네. 버터를 바른 평범한 빵 한 조각에서 모두

---

89) 시편 16편 11절 참조.

가 하나님을 발견하는 것은 아니다. 나는 저 하늘에서 진주와 비둘기 그리고 은 같은 섬세함을 발견하고 기뻐할 수 있는데 다른 사람들은 그저 '우중충하다'라고 말한다는 위험한 생각들이지.

자네도 알아챘겠지만, 나는 감각적 즐거움과 심미적 즐거움을 구분하지 않고 있네. 하지만 구태여 그럴 이유가 어디 있나? 그 둘 사이에 경계선을 긋기란 거의 불가능할뿐더러 설령 성공한다 해도 그것이 무슨 소용이 있겠나?

이것을 쾌락주의Hedonism라고 말한다면, 다소 어려운 훈련이 필요한 쾌락주의가 될 걸세. 그러나 그 정도의 노고는 들일 만한 충분한 가치가 있네. 그것이 성공한다면, 거의 매일 매일이 모호한 빛 덩어리를 우리 안에 '담아내는' 기회가 될 걸세. 그 빛은 점점 더 밝아지고 모호함은 줄어들지.

윌리엄 로William Law[90]는 사람들이 날씨나 온갖 불편한 일에는 불평을 늘어놓으면서, 기근이나 박해가 닥칠 때 감당할 수 있는 인내심을 달라고 구하는 것은 한마디로 "우스운 꼴"이라고 말하네. 뛰기에 앞서 걷기부터 배워야 하는 법. 여기에서도 마찬가지지. 우리는—적어도 내 경우는—작은 일에서 하나님을 경외하는 습관을 기르지 못하면 큰일에서도 그분을 경외하지 못할 걸세. 믿음과 이성이 하나님은 경외할 만한 분이라고 말해도 하나님이

---

90) 1686-1761, 영국의 성직자이자 신비주의자.

그런 분임을 **발견하지** 못했고 '맛보아 알지' 못했기 때문이지. 숲에 비쳐 든 햇빛이 태양에 대해 전해 주지만 그 내용은 천문학 관련 책을 아무리 뒤져도 얻을 수 없네. 순전하고 자연스러운 즐거움은 우리 경험의 숲 속에 비쳐든 '신성한 빛Godlight의 편린들'일세.

물론 책도 필요하네. 내가 지금 설명하고 있는 '무한히 작은 일에서의 경외' 외에도 아주 많은 일이 필요하지. 이 교훈을 내게 가르쳐 준 자네에게 이에 대해 다시 설명하는 게 아니라(설마 자네가 이 교훈을 다 잊은 건 아니겠지?) 사람들 앞에서 설교해야 한다면, 나는 이 교훈이 변질되지 않도록 단속하고 살벌한 단서를 달아 사방에 경고 표지판을 세워야 할 걸세.

가장 단순한 순종의 행동이 내가 지금까지 묘사한 것보다 훨씬 더 중요한 경배라는 점을 내가 잊고 있다고 생각지는 말게(순종이 제사보다 낫네). 하나님은 위대한 창조주일 뿐 아니라 비극적인 구속주이기도 하시네. 어쩌면 비극적인 창조주일지도 모르지. 우리의 삶을 가로지르며 놓인 고통의 대협곡이 **오로지** 선사 시대의 어떤 재난 때문에 생겨난 것은 아니기 때문일세. 전에 말한 것 같네만, 비극적인 어떤 일이 창조 행위 자체에 내재하고 있을지도 모른다는 생각이 드네. 그래서 하나님이 고통의 양초를 태워 가면서 벌일 만큼 창조라는 게임이 가치 있다고 판단하신 이유가 궁금해지곤 한다네. 우리는 양초의 희생은 어느 정도 공유하고 있지만 그 '게임'의 의미는 아직 알지 못하네.

이런! 내 버릇이 또 나왔군. 가장 고상한 것들을 설명하면서 연극이나 춤 같은 이미지를 사용하는 내 습관이 자네에게 걸림돌이 된다는 걸 아네. 하지만 자네는 이제 나를 불경하다고 비난하지는 않지. 어느 날 밤, 에든버러에서 서로 화를 내며 싸울 뻔했던 때처럼 생각하지는 않는다는 거 알아. 이제 자네는 나의 경향을 '무심한heartless'이라는 훨씬 온건한 말로 표현해 주는군. 자네는 당사자들에게 너무도 절박하고 심각한 세상살이world-process를 천상의 관점을 빙자해서라도 함부로 말하는 것은 모든 순교자와 노예에 대한 잔인한 조롱이라고 여기는 거지. 게다가 게임이라곤 털끝만큼도 즐기지 않고 나무다리를 한 지네보다도 춤을 못 추는 내가 게임이나 춤을 들먹였으니 우스꽝스러울 정도로 주제넘어 보인다고 말할 만하네. 하지만 자네는 아직도 나의 진짜 요점을 파악하지 못하고 있어.

나는 천국의 삶이 연극이나 춤처럼 가벼운 소일거리로만 이루어져 있을 거라곤 생각하지 **않네**. 그러나 우리가 노동의 저주 아래에서 매일 곤경과 좌절을 겪고 끊임없는 계획과 당혹, 불안에서 벗어나지 못하는 이 '눈물 골짜기'에 있는 동안, 천상을 알리는 특성들이 나타나 그 이미지를 드러낼 수 있는 유일한 자리는 사소한 활동들뿐일세. 천국 성도의 삶은 그 자체가 하나의 목적, 아니 참된 목적이라고 말해야 하지 않을까? 전적으로 자발적이고 무한한 자유와 유연하고 미묘하며 가장 꼼꼼하게 조정된 아름다운 질서가 온전한 조화를 이루는 삶 말일세. '진지한' 활동들 속에서 이러한 삶의 이미지를 어떻게 찾을 수 있겠는가? 자연적 삶이든 (현재의) 영적 삶이든 마찬가지일세. 변덕스럽고 애절한 우리의 정서에서 찾겠는가, 아니면 어떤 면에서는 항상 십자가의 길*via crucis*이라고 해야 할 참된 도道에서 찾겠는가? 아닐세, 말콤. 우리가 유비를 발견할 수 있는 곳은 휴식시간, 우리에게 허용된 축제의 순간뿐이야. 춤과 게임은 이곳, 아래 세상에서는 경박하고 사소하네. '이곳, 아래 세상'은 자연스러운 장소가 아니기 때문일세. 이곳에서, 춤과 게임은 주된 생활에서 벗어나 잠시 갖는 휴식일세. 그러나 이 세상은 모든 것이 뒤집혀 있는 곳일세. 이곳에서 춤과 게임 등에 오래 빠져 있으면 게으르다고 손가락질받겠지만, 더 나은 나라에서는 바로 그런 일이 최상의 목적일 가능성이 높네. 기쁨이야말로 천국의 진지한 임무니까.

18

내 잘못을 인정하지. 지난주에 즐거움에 대해 쓰면서 본질적으로 악한 정신적 쾌락들 *mala mentis gaudia*에 대해 깜빡 잊고 있었네. 이를 테면 원한을 품는 것 말일세. 누군가에게 원한을 품고 있다가 어느 순간, 잘못한 쪽이 상대방이 아니라 나였음을 깨달을 때 참으로 실망스럽지 않던가? 그리고 적개심을 품으면 품을수록 점점 더 그것을 끌어안고 애지중지하고 부추기게 되는 모습이라니! 그 행태는 음욕과 매우 흡사하다네. 하지만 나는 이것 때문에 평범한 즐거움에 대한 나의 이론(과 경험)이 설자리를 잃는다고 생각하진 않네. 본질적으로 악한 이 쾌락은 플라톤의 말처럼 '혼합된 것'이네. 그의 비유를 활용하자면, 가려우면 긁고 싶어지지 않나. 가려운데도 긁지 않고 참으면 긁고 싶은 유혹이 아주 강해지고, 긁으면 잠시 시원해지는 일종의 쾌락을 느끼게 되지. 그러나 가려움을 원하는 사람은 없네. 긁는 것이 쾌락인 이유는 가려움이라는 상황 때문이야. 적개심 역시 모욕감을 누그러뜨리거나 대체하는 의미에서만 유쾌하다네. 그 자체로 즐거움이 되는 경험에 대해서는 나의 이론대로 보아도 무방하다고 보네.

끔찍한 쾌락들—지옥의 진수성찬—을 언급하는 것만으로 자네는 화제를 자연스럽게 경배에서 참회로 넘겼더군. 나는 자네의 딴소리를 따라갈 생각이네. 자네가 한 말 중에 동의할 수 없는 부분이 있었거든.

물론 참회의 기도—내가 믿는 바로는 참회의 '행위'라고 불리는—가 다양한 수준에서 이루어질 수 있다는 건 인정하네. 자네가 '이교도식 참회'라고 부른 가장 낮은 단계에서는, 신의 분노를 누그러뜨리려는 시도만 있네. "죄송합니다. 다시는 안 그러겠습니다. 이번만 봐 주십시오." 자네 말에 따르면, 가장 높은 수준의 참회기도란 자신의 행동으로 깨어져 버린, 무한히 가치 있고 전폭적인 인격적 관계를 회복하려는 시도가 되겠지. 그러니 만약 거기에 형벌의 면제라는 '미숙한' 의미의 용서가 끼어든다면, 그것은 주로 그 관계 회복의 징후 내지 보증 또는 부산물로서만 가치 있다는 뜻이겠군. 이 부분에 대해선 자네가 옳은 것 같네. 내가 '같다'고 말한 이유는 참회건 다른 무엇이건 가장 높은 단계에 대해서는 내가 경험적으로 많이 안다고 주장할 수가 없기 때문일세. 천장이 있긴 하지만 내게서는 매우 멀리 떨어져 있거든.

그러나 자네와 나 사이에는 차이점이 있어. 우선 나는 자네가 가장 낮은 단계의 참회를 '이교도식 참회'라고 부른 점에 동의할 수 없네. 자네가 묘사한 내용에는 구약성경의 참회가 상당 부분 포함되어 있지 않나? 시편을 보게. 그리스도인의 참회의 많은 부분이 거기 해당되고, 그중 많은 부분이 기독교 예배에서 구현되고 있지 않은가? "우리 죄를 인하여 보응하지 마소서…… 우리에게 영원히 노하지 마소서…… 우리의 죄악을 따라 갚지 마소서."[91]

거의 모든 부분에서 그렇듯, 여기서도 우리가 '미숙하고' '저급하게' 여기는 모습, 심지어 가장 낮은 수준이라고 생각하는 모습이 우리가 인정하고 싶지 않을 정도로 그리스도인의 삶의 아주 높은 수준까지 널리 퍼져 있네. 성경이나 교부들의 저작에서, 자네가 말한 이교도식 참회를 분명하고 철저하게 거부한 부분을 찾아볼 수 있는가?

'분노'라는 하나님의 속성이 유비일 뿐이라는 데는 전적으로 동의하네. 하나님 앞에 선 참회자의 상황이 정당한 이유로 분노하는 군주, 연인, 아버지, 주인, 또는 교사 앞에 선 사람의 상황과 똑같지는 않지만 어쨌거나 비슷하다고 말할 수 있네. 하지만 이 유사성 외에 참회자의 상황에 대해 우리가 무엇을 더 알 수 있겠는가?

---

91) 시편 103장 10절 참조, 《기도서》에 나오는 구절.

유비 이면을 파고들려고 시도하면, 점점 더 오리무중이 될 걸세. 자네는 전통적으로 그리스도인들이 하나님의 진노하심의 결과로 받아들인 상황을, 엄청난 고압전류 앞에서 조심성 없이 행동할 때 불가피하게 벌어지는 상황으로 보면 많은 도움이 될 거라고 했지. 자네는 이렇게 말했네. "전기가 흐르는 전선이 우리에게 화를 내지는 않지만 우리가 잘못 건드리면 감전된다."

말콤, 이 친구야, 분노한 군주의 이미지를 전기가 흐르는 전선의 이미지로 바꿔서 자네가 얻은 게 뭔가? 자네는 우리 모두를 절망 속에 가둬 버렸네. 분노한 자는 용서할 수 있지만 전기는 용서할 수 없기 때문일세.

그런 이미지를 내놓은 이유를 자네는 이렇게 설명했지. "아무리 유비라 해도, 역정 fit of temper이 풀렸기 때문에 생겨 나는 용서는 하나님께 적용하기에 합당하지 않고 인간이 감사함으로 받아들일 수도 없다." 하지만 '역정'이라는 품위 없는 표현을 고른 건 자네일세. 사람들 사이에 일어나는 온전한 화해를 생각해 보게. 차가운 불만이 차갑게 진정되는가? 범죄자를 '정상참작'하여 가볍게 나무라고 마는가? 도덕적 훈계로 평화가 회복되던가? 범죄가 '문제 될 것' 없다고 말하던가? 잘못을 쉬쉬하거나 그냥 넘기던가? 블레이크는 이보다는 잘 알았네.

친구에게 화가 났다.

나의 분노를 말했다. 분노는 거기서 끝났다.

원수에게 화가 났다.

나의 분노를 숨겼다. 분노는 더 자라났다.

　자네도 이 정도는 알지 않나. 분노— 심술 난 역정이 아니라 정당하고 뜨거운 의분—는 포용하고 기뻐하고 다시 환영하는 사랑이 되네(그 일이 꼭 단번에 되지는 않지). 이것이 친구들과 연인들이 진정으로 화해하는 방식이네. 열렬한 분노, 열렬한 사랑. 이런 분노는 사랑이 상처를 입을 때 흘러나오는 액체라네. 계산된 항의가 아닌 바로 이 **분노**가 연인 사이에 있을 때 사랑이 새롭게 생겨나네. 분노와 용서는 모두 하나님께 적용될 만한 유비라네. 그리고 이 둘은 삶, 사랑, 깊은 인격적 관계라는 같은 부류의 유비에 속하네. 이보다 진보적이고 '세련된' 다른 유비들은 우리를 엉뚱한 길로 이끌 뿐이네. 하나님의 진노를 그저 계몽된 불만 정도로 바꿔 버리면 그분의 사랑도 단순한 인도주의가 되고 만다네. '소멸하는 불'과 '완전한 아름다움'이 모두 사라져 버리는 걸세. 그 대신 현명한 여교장 내지 양심적인 판사가 남겠지. 참회에 대한 고상한 입장이 내놓을 수 있는 것은 그 정도일세.

　나는 "사람이 성내는 것이 하나님의 의를 이루지 못"[92]한다는

---

92) 야고보서 1장 20절.

것을 아네. 그것은 분노 때문이 아니라 (타락한) 인간의 본성 때문이지.

아무래도 내가 말을 너무 많이 한 것 같군. 모든 이미지가 담당할 수 있는 최선의 역할은 사람이 참회하고 용서를 받아들이도록 돕는 것, 적어도 방해는 하지 않는 것일세. 우리는 '하나님 편에서' 문제를 볼 수 없네.

참회를 사과apology 또는 진정시킴 정도로 표현한 미숙한 그림은, 나에게 참회를 하나의 행위로 보게 하네. 반면, 참회에 대한 고상한 견해에는 참회를 단순히 감정 상태 정도로 여기게 만드는 위험이 다분히 들어 있네. 자넨 이것이 불완전하다는 생각에 동의하는가?

지금 이런 질문이 내 머릿속에 떠오른 이유는 알렉산더 화이트 Alexander Whyte[93]의 글을 읽고 있기 때문일세. 모리스가 그 사람 책을 빌려 줬는데 정말 읽을 만한 가치가 있었네. 예전에는 몰랐던 사람인데 19세기의 장로교 목사인 알렉산더 화이트는 신기할 만큼 마음이 넓은 사람이라네. 그는 단테, 파스칼, 심지어 뉴먼까지도 숭배했네. 하지만 여기서 그의 이름을 언급한 것은 딴 이유 때문이야. 알렉산더 화이트는 내가 거의 잊고 있던 청교도의 특성한 가지를 직시하게 만들었지. 그가 생각하기에 중생한 삶에서 가

---

93) 1837-1921, 스코틀랜드의 청교도 설교자, 신학자.

장 중요한 징후 중 한 가지는, 본질적이고 바뀌지 않는 (듯 보이는) 자신의 부패상을 계속 인식하고 끊임없이 혐오하는 것이라네. 참된 그리스도인이라면 내면의 하수구에서 나는 악취를 자신의 콧구멍으로 계속 맡아야 한다는 거야. 나는 이런 체험이 과거 인물들의 회심 사연에 늘 등장했다는 걸 알고 있네. 《죄인에게 넘치는 하나님의 은혜 *Grace Abounding*》[94]를 보세. "그러나 나의 내면은……처음부터 놀라울 만큼 부패해 있었다. ……내 눈에 비친 나는 두꺼비보다 메스꺼웠다. ……샘에서 물이 솟아나듯 내 마음에서는 자연스럽게 죄와 부패함이 솟아나고 있다." 핼러 William Haller의 《청교도 정신의 기원 *Rise of Puritanism*》에 인용된 한 저자는 자신의 마음을 들여다보는 것이 "마치 뜨거운 여름에 더러운 지하 감옥 속을 들여다보는 것만 같았다. 그곳의 하수구와 썩은 물 한가운데선 수백만 개의 살아 있는 무언가가 꿈틀거리고 있었다"라고 말했네.

나는 이런 시각이 병적인 것이라고 해석하는 사람들의 말을 귀담아 듣지 않을 걸세. 나 역시 내 지하 감옥에서 "다리로 기어 다니는 끈적끈적한 것들"을 보았기 때문이네. 힐끗 본 그 장면이 나를 정신 차리게 해 주었어. 그러나 화이트는 힐끗 보는 것으로는 부족하고 매일, 평생토록 꼼꼼히 살펴야 한다고 말하네. 과연 그

---

94) 《천로역정》으로 유명한 존 버니언의 영적 자서전.

말이 옳을까? 그건 사랑, 희락, 화평 등 신약성경이 소개하는 성령의 열매와 너무 다른 것 같거든. 또 "뒤에 있는 것은 잊어버리고 앞에 있는 것을 잡으려"[95] 하는 바울적인 생활 철학과도 아주 다르네. 그리고 자아에 대한 온유함*la douceur*을 권고한 프랑소아 드 살레의 생생하고 상쾌한 글과도 대조적이지. 어쨌거나 지속적으로 감정을 느끼려 계획하는 것이 무슨 소용이 있단 말인가? 감정이 계속되려면 그것을 인위적으로 만들어 내야만 한다네.

자네 생각은 어떤가? 영적 구토제가 필요한 적절한 순간이 있다는 건 아네만, 나는 구토제를 꾸준히 복용할 생각은 없네! 그걸 먹고 살아난다면 그에 대한 '내성耐性'이 생겨날 걸세. '하수구'를 들여다보는 일은 나름의 뒤틀린 교만을 낳을 걸세.

하나님의 노하심보다 자존심을 내세움은
지나친 자기 의, 자기 혐오.[96]

여하튼 혼자 기도할 때나 고백성사를 할 때나, 내 이성은 내 죄가 참으로 심각하다고 말해 주지만 정작 나는 (부끄럽게도) 내 죄에 대해 그리 심각하게 수치심이나 거부감을 느끼지 못한다는 것을

95) 빌립보서 3장 13절.
96) 밀턴의 작품《투사 삼손 *Samson Agonistes*》에서 인용.

깨달았네. 그것은 일상생활에서 내가 찾는 두려움이 위험에 대한 나의 이성적 판단과 거의 상관이 없는 것과 비슷하네. 나는 완전하게 (실제로) 안전한 상태에서 절벽 아래를 내려다보는 것보다는, 위험한 줄 알지만 갑판 없는 작은 배를 타고 거친 바다로 나가는 쪽을 택한다네. 이런 맥락에서 나는 말 못할 사소한 잘못—신사답지 못하고 기독교인답지 못한 죄들—보다는 끔찍한 잘못들을 더 기꺼이 고백했네. 자신의 행동에 대한 감정적 반응은 윤리적으로 크게 중요하지 않네.

19

베티에게 전해 주게. 참회에 대해 말하도록 자네가 나를 몰아가지 않았다면 내가 빠뜨렸다고 지적해 준 주제를 벌써 얘기했을 거라고. 경외의 기도는 다른 종류의 기도와 비교했을 때 특별히 공적으로나 공동체적으로 하는 것이 매우 중요하다고 말할 참이었지. 따라서 수난일보다는 부활절에 교회에 가지 못하는 것이 훨씬 손해일 거야. 개인기도에서도 경외는 공동체적으로 이루어져야 하네. "천사들과 천사장들과 천국의 모든 사람들과 함께", 천국의 모든 이가 다 아는 상태로. 한편 교회에서 내가 가장 온전하게 참여할 수 있는 기도문들은 침실에서 많이 활용했던 기도문들이라는 말도 꼭 덧붙이고 싶네.

내가 '예배에 대해 까다롭게' 군다는 부당한 비난에 답하려니

약간 흥분이 되는군. 지난번 내 말의 요점은 어떤 형태의 예배이
건 익숙해질 시간이 충분하다면 괜찮다는 거였어. 형편없는 교회
건물, 서투른 복사服事, 옷매무새가 엉망인 사제 등의 단순한 결
점들 때문에 거부감을 느끼고 예배에 집중하지 못할 거라는 생각
은 끔찍하구면. 오히려 나는 그런 것이 얼마나 사소한 문제인지
깨닫고 계속해서 놀란다네. 한 작가는 이렇게 말했지.

　　순수함과 충성으로 하는 거라면
　　아무것도 탓할 것이 없을 테니.[97]

　내 생애 최고의 성만찬 중 하나는 어느 군대 막사에서 참여한
성찬이었네. 가끔은 성가대의 런던 사투리 억양이 더 감동적으로
느껴질 때도 있지. 합당한 이유만 있다면, 양철 잔을 성배로 쓴다
해도 전혀 개의치 않을 걸세. (최후의 만찬에서 어떤 종류의 토기 잔이
쓰였는지 모르는 일 아닌가.)
　자네는 내가 왜 성찬에 대해 한마디도 쓰지 않았느냐고 물었지.
이유는 간단해. 성만찬 신학을 충분히 잘 알지 못하기 때문이야.
내놓을 게 없는 거지. 나는 잘 안다고 생각하는 걸 일부러 모른 체
하는 사람이 아닐세! 오히려 시도 때도 없이 떠들어 대는 게 나의

---

97) 셰익스피어의 《한여름 밤의 꿈》 중 5막 1장.

문제지. 그러나 이 주제에 대해서만은 기꺼이 침묵을 지킬 의향이 있네. 다만 사람들이 나의 침묵을 근거로 제멋대로 결론을 내린다는 게 문제지. 지난번에 누군가는 내가 성만찬을 '마지못해 받는' 듯했다고 썼더군.

자네와 베티는 그렇게 생각하지 않길 바라네. 뭔가 다른 말을 하려 했는데, 내가 성만찬에 대해 침묵하는 또 한 가지 이유가 떠올랐네. 성만찬에 대한 특정 교리들이 내게 영향을 끼치지 못하는 이유, 즉 그 교리들이 내게 감동을 주지 못하는 이유를 밝히려면 마치 그 교리들을 공격하는 것처럼 보이기 때문이라네. 모든 그리스도인은 성만찬의 떡과 포도주를 받을 때 특정한 상황이 벌어진다고 믿고 그 믿음으로 유익을 얻지. 나는 교파를 막론하고 모든 그리스도인이 (각자의 신앙전통에 따라) 성만찬에 대해 갖고 있는 개념들을 뒤흔들어 놓을 의향이 없네. 오히려 이제껏 성만찬에 대해 어떤 정의도 내려질 필요가 없었다면, 또 교회들 사이에 어떤 분열도 허용되지 않았다면 얼마나 좋았을까 싶네.

다양한 성찬론을 다 이해하고 각각의 증거를 검토하는 것만으로 어떤 것이 최상의 성찬론인지 판단할 수 있는 것처럼 말하는 사람들이 있지만 나는 그런 통찰력을 얻지 못했네. 나는 우리 주님이 몸을 찢고 피를 흘리시기 전에 제자들에게 떡과 포도주를 주시며 **그것들**이 당신의 몸과 피라고 하신 말씀을 제자들이 어떻게 파악했는지, 이해는커녕 상상조차 되지 않네. 내 인간적 이해의 틀 안에서는 한 인간 — 주님은 사람으로서 육체를 가지셨지 — 을 먹는 일과 그와 영적으로 연합되거나 일치 또는 교제(κοινωνία)를 누리는 일이 어떤 관계가 있는지 모르겠네. 그리고 겉보기엔 떡과 포도주인데 사실은 예수님의 살과 피라니, 그런 '실체'(아리스토텔레스의 의미에서)는 머릿속에 그려지지가 않네. 애써 시도해 봐도 아주 희미한 점토plasticine 비슷한 심상만 생겨날 뿐이지. 그러나 성만찬의 떡과 포도주가 그리스도의 죽음을 되새기기 위해 상징적으로 사용된 그냥 떡, 그냥 포도주일 뿐이라는 의견에 끌리는 것도 아닐세. 물리적으로 볼 때, 떡과 포도주가 **그것**[그리스도의 죽음]에 대한 상징이라고 보기엔 너무나 이상하거든. 그러나 그 겉모양만 보고 자의적[우연]이라고 생각하는 것은 불경스러운 일이 될 거네. 떡과 포도주가 선택된 데는 실제로 어떤 적합성 내지 필연성이 있을 거라고 봐. 그러나 그 내용은 가려져 있네. 게다가 떡과 포도주가, 아니 성만찬 전체가 기념에 불과하다면 그 가치는 순전히 심리적인 것이고 성찬을 받는 참여자의 감수성에 달려 있다는 뜻이 될 거네. 그렇다면 이 정도로 혹은 그 이상으로 그리스도의 죽음을 생각나게 할 수 있는 것이 수백 가지는 될 텐데, 모든 기독교 세계Christendom(와 내 마음)가 당당하게 선언하고 있듯 굳이 **이것이** 그렇게 독보적으로 중요한 기념물이 되어야 할 이유를 모르겠네.

다른 사람은 어떨지 몰라도 나는 성만찬의 모든 대상들, 말들,

행위들을 하나로 묶어 주고 특성을 부여하는 것이 무엇인지 알 수 없고 상상할 수도 없네. 나는 지금 누군가에게 "당신의 설명이 틀렸소"라고 말하는 게 아닐세. 이렇게 말하면 어떨까. "그 신비에 대한 당신의 설명을 듣고 나서도 그것은 내게 여전히 신비로 남아 있습니다."

그러나 지성의 눈으로 볼 때는 바로 이 부분에서 영계와 물질계 사이의 베일이 가장 불투명하지만, 하나님의 힘이 스며들기에는 충분히 얇고 적합하다고 믿는 데는 전혀 어려움이 없네. 여기서는 가려진 나라에서 온 손이 내 영혼과 내 몸을 만지네. 여기서는 내 속의 학자, 교수, 현대인의 면모가 야만인, 아이의 면모를 능가하지 못하네. 이 안에는 대단한 치료제와 강한 마법이 있네. [그러니] 조용히 있게 *Favete linguis*.

내가 말하는 '마법'은 바보들이 시도하거나 사기꾼들이 자연을 통제하는 수단인 척 가장하는 하찮고 처량한 기법을 의미하는 게 아닐세. 내가 뜻하는 것은 오히려 동화에 나오는 다음 문장들이 암시하고 있어. "이것은 마법의 꽃이야. 이걸 가지고 있으면 일곱 개의 문이 너를 향해 저절로 열릴 거야." "이것은 마법의 동굴, 이 안으로 들어가는 자는 젊음을 되찾게 되리라." 이런 의미에서 나는 마법을 '더 이상 분석할 수 없는 객관적인 효능'으로 정의하겠네.

정상적인 상상력은 이런 의미의 마법에 반응하게 마련일세. 그것이 대체로 '자연의 이치에 맞기' 때문이지. 이 두 가지 가루를 섞으면 폭발이 일어난다거나, 이것을 조금만 먹으면 죽는다는 류의 사실에 담긴 '마법적' 요소는 설명을 통해, 즉 이것이 더 큰 진리의 사례 내지 결과임을 알게 됨으로써 제거될 수 있네. 더 큰 진리 역시 정당한 설명이 있기 전까지는 '마법적'으로 남아 있겠지. 그런 식으로 과학은 '원초적 실재'의 영역을 계속 좁혀 가고 있지. 그러나 그 과정이 완성될 수 있다고 믿는 과학자는 없을 거라고 보네. 최소한, 하나의 우주─또는 명확한 특성이 있는 이 우주─가 존재한다는 지극히 '원초적' 실재, 더 이상 꿰뚫 수 없는 소여所與 *datum*는 언제나 남아 있을 테니까. 동화 속의 마법의 꽃만큼이나 '마법적'으로.

이제 내게 기독교의 마법적 요소가 지닌 가치를 말해 보겠네. 그것은 천국의 영역이 자연계의 우주 못지않게, 어쩌면 그보다 훨씬 더 객관적인 사실들의 영역이라고 끊임없이 증언하고 있네. 그런 확고하고 확정적인 사실들은 선험적인 구성물에 불과하지도 않고, 격언, 이상, 가치관 등으로 환원될 수도 없네. 자기원인 *causa sui* 自己原因인 하나님의 존재보다 더 분명한 '기정' 사실, (자네가 원한다면) 더 '마법적인' 사실은 있을 수 없네.

계몽된 사람들은 소위 '영적' 요소를 위해 이러한 마법적 요소를 제거하고 싶어 하지. 그러나 그들이 '마법적'인 것과 대조를 이룬다고 생각한 영적인 것은 그저 심리적 내지 윤리적인 것에 머무

르고 마는 듯하네. 종교는 영적인 것만으로, 혹은 마법적인 것만
으로 이루어지는 게 아닐세. 나는 종교생활에서 마법적인 요소가
차지해야 할 일정한 몫—양적으로 따져볼 때—을 제시할 마음은
없네. 개인적인 차이가 허용되어야 할 테니까. 하지만 마법적인
요소가 영zero이 되어서는 안 된다고 생각하네. 그렇게 되면 남는
것이라곤 도덕이나 문화 또는 철학뿐일 걸세.

일부 신학서적을 읽노라면 톱밥을 씹는 것 같은 느낌이 들곤
해. 그런 책의 저자들은 기독교 내의 특정한 입장이 현대사상에
얼마나 잘 들어맞는가, 사회문제에 얼마나 유익한가, 혹은 '미래
가 있는가'를 계속 논의하면서도 정작 그러한 입장들이 어떤 객관
적 실재를 올바르게 설명한다고 생각할 근거가 있는지 정직하게
묻지 않네. 마치 기독교는 배워야 하는 것이 아니라 만들어야 할
무엇인 것처럼 말일세. 과연 그들이 하나님을 고려하고 있는지 의
심스러워.

지금까지 내가 말한 방식으로 성만찬을 해석하는 것이 하나님
께 누가 되지 않았기를 바라네. 결국 주님의 명령은 "받아서 먹으
라"[98]였지 "받아서 이해하라"가 아니었거든. 특히 나는 "이것—이
떡, 이 한 모금의 포도주—이 무엇인가?"라는 질문으로 고심하고
싶지 않네. 그런 질문은 내게 끔찍한 영향을 끼치기 때문이지. 내

---

98) 마태복음 26장 26절.

가 '이것'을 그 거룩한 맥락에서 끄집어내어 하나의 객체로, 자연의 일부로 생각하게 만들기 때문일세. 그것은 새빨갛게 달아오른 석탄을 불에서 들어내 살펴보는 것과 같네. 석탄의 불은 금방 꺼지고 말겠지. 내게는 그렇다는 말일세. 이 모든 이야기는 신학이 아니라 경험담일세.

20

좋은 소식 하나를 전하네. 지난주 기도 중에, 내가 30년이 넘도록 용서하려고 애써 왔던 사람을 이미 용서했음을, 적어도 용서한 것으로 느끼고 있음을 갑자기 깨달았네. 나는 그를 용서하려고 노력하면서 계속 기도했었지. 그런데 지긋지긋하던 이웃집 라디오 소리가 그치듯 어느 날 갑자기 그 일이 실제로 일어나자 이런 생각이 들었네. '이렇게 쉬운 걸 왜 진작 못했지?' 처음에 시도할 때는 도저히 불가능한 일로만 보이다가 어느 순간 너무 쉽게 이루어지는 일이 참 많지 않던가. 수영을 배우는 것도 그렇지. 몇 달 동안은 아무리 노력해도 금세 가라앉고 마는데, 그러다 어느 날 몇 시 몇 분, 드디어 뜨는 순간이 찾아오지. 그 이후엔 오히려 물에 가라앉는 것이 거의 불가능해진다네. 그 깨달음과 더불어 (그 사람의 잔

혹함을) 용서하는 일과 (내 적개심을) 용서받는 일이 같은 일이라는 생각도 들었네. "용서하라 그리하면 너희가 용서를 받을 것이요"[99]라는 말씀은 마치 거래처럼 느껴지네. 그러나 거기엔 그 이상의 진리가 담겨 있는 듯해. 천국 기준에서 볼 때, 즉 순수 지성이 볼 때 이 둘은 동의어일 걸세. 용서함과 용서받음은 같은 것을 달리 부르는 이름인 거지. 중요한 사실은 불화가 해결되었으며 그 일을 이루신 분은 분명 위대한 해결사라는 거야. 이번 일로 내가 불의한 재판관 비유[100]의 교훈을 새롭게 믿게 되었다는 것도 마지막으로 덧붙이네. 어쩌면 이 부분이 가장 좋은 일인지도 모르겠군. 아무리 오랫동안 기도해도 아무 소용이 없어 보이는 지독히 나쁜 습관이라도 때가 되면 벗어 버릴 수가 있네. 감정이 메마른 노인이 되어서라도 말이야.

우리가 수차례의 실패 끝에 마침내 오래전에 죽은 사람들을 용서하게 될 때, 그들이 그 사실을 알지 모르겠네. 그들이 모른다면 참으로 애석한 일이 될 거야. 용서를 했는데 상대가 받을 수 없다면 참으로 답답한 노릇 아닌가. 이 말을 하고 보니 자네의 질문이 떠오르는군.

물론 나는 죽은 자들을 위해 기도하네.[101] 이 일은 내 안에서 너

---

99) 누가복음 6장 37절.
100) 누가복음 18장 1-8절 참조.

무나 자연스럽게 우러나고 거의 불가피한 것이어서, 이 일을 중단하려면 매우 강력한 신학적 반론이 있어야 할 걸세. 그리고 죽은 자들을 위한 기도가 금지된다면 내가 드리는 나머지 기도가 살아남을 수 있을지 모르겠군. 우리 나이가 되면 가장 사랑하는 이들 대부분이 저세상 사람 아닌가. 내가 가장 사랑하는 대상을 하나님께 말씀드릴 수 없다면 하나님과 어떤 종류의 교제를 나눌 수 있겠나?

전통적인 개신교 견해에 따르면, 모든 죽은 자들은 영원히 정죄를 받거나 구원을 받네. 그들이 정죄를 받았다면 그들을 위한 기도는 쓸데없을 걸세. 그들이 구원을 받았다고 해도 마찬가지겠지. 하나님은 그들을 위해 모든 일을 다 하셨으니까. 우리가 무엇을 더 구할 수 있겠는가?

그러나 우리는 하나님이 살아 있는 자들을 위해서도 할 수 있는 일을 벌써 다 하셨고 이미 하고 계신다고 믿지 않는가? 우리가 무엇을 더 구할 수 있단 말인가? 하지만 하나님은 우리에게 구하라고 말씀하시네.

자네는 이렇게 대답하겠지. "그 말은 맞지만, 살아 있는 자들은 아직 여정이 남아 있네. 여전히 많은 시련과 발전 그리고 오류 가

---

101) 성공회는 연옥에 간 영혼을 고통에서 건져 달라고 기도하는 로마가톨릭의 관행을 거부했지만, 죽은 신자들의 영혼의 안식과 활력을 위해서는 여전히 기도한다.

능성이 기다리고 있지. 그러나 구원받은 자들은 완전해지지 않았나. 그들은 과정을 마쳤다구. 그들을 위해 기도한다는 건 진보와 어려움이 계속 가능하다는 걸 전제하는 걸세. 지금 자네는 연옥 purgatory 비슷한 개념을 끌어들이는 거야."

글쎄, 그런 것 같군. 그러나 나는 천국에서도 지속적이고 더욱 기꺼운 자기복종을 통해 참행복을 점점 더 깊이 누리게 될 거라고 보네. 실패할 가능성은 없지만 나름의 열심과 수고가 따라야 할 거라고 말이야. 연인들이라면 다들 공감하는 것처럼 기쁨에도 어려움과 가파른 경사가 있는 법 아닌가. 그러나 이 부분에 대해서는 당분간 강조나 추측을 계속하지 않겠네. 여하튼 나는 연옥을 믿네.

잘 듣게. 종교개혁자들에겐 '연옥에 관한 천주쟁이들의 교리'를 의심할 만한 충분한 이유가 있었네. 당시 연옥 교리는 실제로 변질되어 있었거든. 면죄부 매매만 말하는 것이 아닐세. 자네가 단테의 《신곡》 중 〈연옥편〉[102]에서 16세기 문헌으로 넘어가면 연옥관의 타락상에 기겁을 하게 될 걸세. 토마스 모어Thomas More[103]의 《영혼의 탄원Supplication of Souls》이 그리는 연옥은 그저 한시

---

102) 단테는 《신곡》에서 연옥을 형벌의 장소가 아니라 정화의 과정으로 묘사한다.
103) 1477-1535, 영국의 인문주의자, 작가. 《영혼의 탄원》은 연옥에 있는 영혼들이 이 세상에 있는 사랑하는 사람들에게 죄악된 삶을 피하고 연옥의 고통에서 자신들이 빨리 벗어나도록 기도해 줄 것을 탄원하는 형식으로 되어 있다.

적인 지옥에 불과하네. 그곳에서 악마들이 영혼들을 고문하는데, 그놈들의 존재가 "고통 자체보다 더 끔찍하고 괴롭다"네. 피셔 John Fisher[104]의 설명은 더욱 지독하다네. 그는 시편 6편에 관한 설교에서 그곳의 고문이 어찌나 심한지 고문을 겪는 자들이 고통 때문에 "하나님을 제대로 기억할 수" 없다고 말하네. **연옥**이라는 단어의 어원[105]이 잊혀진 거지. 연옥의 고통이 그곳 영혼들을 하나님께로 더 가까이 이끄는 게 아니라 오히려 그분을 잊게 만든다는 거네. 그곳은 정화가 아니라 보복성 처벌이 난무하는 공간이네.

연옥에 대한 올바른 견해는 뉴먼의 《꿈 Dream》에서 화려하게 복귀했네. 내 기억이 맞다면, 그 시에서 구원받은 영혼은 보좌 앞에 엎드린 채 그곳을 떠나 정화되게 해 달라고 간청한다네. 그 영혼은 "자신의 어두움으로 그 빛을 대면하기를"[106] 잠시 잠깐도 못 견뎌 하네. 종교가 연옥을 되찾은 거지.

우리 영혼은 연옥을 **필요로 하네.** 그렇지 않은가? 하나님이 이렇게 말씀하신다면 우리 영혼이 어찌 상심하지 않겠는가? "아들아, 네 입에서는 악취가 나고 네 누더기에서는 진흙과 찌끼가 뚝뚝 떨어지지만 여기 있는 우리는 관대하여 그런 것들로 너를 나무라거나 멀리하지 않는다. 기쁨 속으로 들어오너라." 그러면 우리

---

104) 1459-1535, 영국의 성직자.
105) '깨끗하게 하다, 정화하다'를 뜻하는 라틴어 *purgare*.
106) 밀턴의 《실락원》 I에 나오는 구절.

는 이렇게 대답하지 않겠는가? "주님, 공손히 아뢰오니, 괜찮으시다면 저는 **오히려** 먼저 깨끗함을 받고 싶습니다.""그 과정은 너도 알다시피 아플 것이다.""그래도 허락해 주십시오, 주님."

나는 정화의 과정에 고통이 따를 거라고 생각하네. 기독교 전통에서 그렇게 가르치고 있기도 하거니와, 이생에서 내게 이루어진 대부분의 참된 선에 고통이 따라왔기 때문일세. 그러나 나는 고통이 정화의 목적이라고 생각하지는 않네. 나는 나보다 훨씬 악하거나 훨씬 나은 사람들이 나에 비해 받는 고통이 많지도 적지도 않을 거라고 넉넉히 믿을 수 있네. "잘잘못을 따지자는 게 아니니까." 많이 아프건 적게 아프건, 필요한 치료를 받게 될 걸세.

이 문제를 생각할 때 내가 좋아하는 이미지는 치과의자일세. 인생의 이가 뽑히고 내가 '돌아갈 때' "이것으로 네 입을 헹구라"는 음성이 들려오길 바라네. **이것**이 연옥일 걸세. 헹굼은 내가 상상하는 것보다 더 오래 걸릴 수 있고 **이것**의 맛은 현재 내 감각으로는 도저히 감당할 수 없을 정도로 맵고 떫을지도 몰라. 그렇다 해도 나는 연옥이 역겹고 부정한 곳이라는 모어와 피셔의 말은 절대 믿지 않을 걸세.

그러나 죽은 자들은 시간에 매여 있지 않다는 자네의 독특한 이의는 전혀 다른 문제일세. 그들이 정말 시간에 매여 있지 않은지 자네가 어떻게 아는가? 나는 하나님이 무한한 현재를 누리는 분이라고 분명히 믿네. 무한한 현재에서는 이미 지나간 일도 아직 벌어지지 않은 일도 없네. 그렇다면 천국의 성도들과 천사들도 무한한 현재를 누린다고 할 수 있을까? 정확히 동일하게 그렇다고 말할 수 있을까? 우리가 경험하는 시간이 길이만 있는 직선과 같은 것이라면 죽은 자들이 경험하는 시간에는 길이뿐 아니라 굵기도 있을지 모르네. 이생에서도 한 번에 한 가지 일 이상에 주의를 기울이는 법을 배울 때면 그 시간은 어느 정도의 굵기를 갖게 되네. 이것을 확장해 보면, 죽은 자들의 시간을 상상할 수 있네. 현재가 언제나 과거로 바뀌고 있다는 점에서 우리의 시간과 같지만, 각 현재가 우리의 현재보다 상상할 수 없이 더 많은 것을 담고 있는 시간 말일세.

천국 성도의 삶이 시간에 전혀 매여 있지 않다고 보는 입장은 몸의 부활 교리와 모순된다는 **느낌이 드네.** 자네가 곰곰이 생각해 보고 과연 이것이 느낌일 뿐인지 말해 줄 수 있겠나?

산 자들을 위해 기도하건 죽은 자들을 위해 기도하건 우리가 기도하는 사건들이 애초에 벌어지지 않거나 어느 시점에서 무산되게 만들 원인들은 이미 작동하고 있네. 이 부분에 대해선 자네와 나의 생각이 같았지. 나는 이 원인들이 일련의 사건 중 한 부분이고, 그 연결은 멀리는 우주의 창조까지 거슬러 올라간다고 생각하네. 조지의 질병을 별것 아닌 것으로 만든 원인은 우리가 아이를 위해 기도하고 있을 때 벌써 작동하고 있었네. 질병이 우리가 우려하던 상태였다면 그 원인 역시 기도하기 전부터 작동하고 있었을 걸세. 그렇기 때문에 나는 우리의 기도가 영원 가운데 응답되거나 거부된다고 말하는 걸세. 세계의 영적 역사와 물리적 역사의 상호작용은 하나님의 창조행위 안에서 완성되었네. 물론 우리가 우리의 기도나 여러 자유로운 행위를 실제로 알게 되는 시점은 우리가 그것을 수행하는 순간이 되어서일세. 그러나 그것들은 위대한 교향곡의 악보 속에 영원히 있네. '미리 결정된predetermined' 것이라고 말해선 안 되네. **미리**pre 때문에 영원을 더 오래된 시간이라고 여기게 되거든. 우리는 삶을 영원한 현재로 경험할 수 없지만 하나님의 목전에서, 즉 우리의 가장 깊은 실재 속에서 우리는 영원하다네. 우리가 '시간에 매여' 있다는 내 말은, 하나님이 모든 피조물과 우리를 보시는 영원한 현재에서 우리가 벗어나 있다는 의미가 아닐세. 그건 불가능하네. 내 말은, 우리의 실재가 근본적으로는 시간을 초월하지만 우리는 그것을 순차적으로 경험할 수밖에 없다는 거야. 그것이 우리 피조물의 한계일세.

사실 우리는 처음부터 질문을 잘못 잡았네. 죽은 자들이 시간을 초월하는 실재의 일부인지 아닌지는 문젯거리가 아닐세. 그들은 마치 섬광과도 같다네. 문제는 그들이 시간을 초월하는 하나님의 지각능력을 공유하는지에 있네.

조지에게 내가 기뻐한다고 전해 주게. 7시 15분 내 연구실에서 **만나기로** 하세*Rendez-vous*. 평일 저녁식사 때는 정장을 하지 **않으니** 편하게 입고 오고.

21

Letters
Malcolm

베티의 말도 일리가 있네. "기도에 대해 그렇게 많은 얘기를 하고도 귀찮음이라는 실제적인 문제에 대해서는 한마디도 없군요." 그리고 이렇게 덧붙여도 나로선 할 말이 없겠네. "누가 보면 두 성인聖人 사이의 서신교환이라고 생각하겠는데요!"

참으로 가시 돋친 혹평이자 정곡을 찌르는 말이네. 하지만 우리가 결코 위선을 부리고 있다고 생각지는 않네. 뭔가를 글로 표현할 때, 과장은 불가피한 것 아닌가? 산문이 그렇다는 말일세. 오직 시만이 정신의 가냘픈 속삭임, "더할 나위 없이 부드러운 바람"[107]

---

107) 제프리 초서 Geoffrey Chaucer(1342-1400)의 시 〈새들의 의회 *Parliament of Fowls*〉에서 인용.

을 담아낼 낮은 목소리로 말할 수 있거든. 지난번 편지에서 나는 즐거움 속에서 하나님을 흠모하는 작은 기회를 (가끔) 발견한다는 얘기를 하려 했지. 그건 정말 미약한 체험일세. 그러나 글로 적고 보니 실제보다 훨씬 거창해 보인다는 걸 이제 알겠네. 사실인즉, 내게는 나약한 영적 삶을 제대로 묘사할 만한 가녀린 언어가 없네. 그럴 만큼 충분히 약하게 만들다가는 더 이상 언어 구실을 못할 걸세. 가스버너의 불을 조금 더 약하게 줄이려다가 불을 꺼뜨리고 마는 상황과 같지.

기도에 대해 이렇듯 길게 얘기한 것만으로도 실제보다 기도가 우리 삶에서 더 큰 자리를 차지하는 듯한 인상을 준 것 같군. 그러나 우리 삶에는 기도를 삶의 여백으로 밀어내거나 가끔은 아예 기도를 하지 못하게 만드는 일이 많이 생긴다네. 기도에 대해 말하는 동안 우리는 그런 일들에 대해서는 전혀 언급하지 않았지. 그러니까 의도한 바는 아니었지만 우리의 대화는 균형을 잃은 나머지 거짓말 비슷하게 되고 만 거네.

그래, 어찌됐든 지금 솔직하게 털어놓자구. 기도는 분명 귀찮네. 기회만 생기면 얼씨구나 하고 기도를 빼먹게 되고, 기도를 마치면 할 일을 끝냈다는 안도감이 남은 하루를 감싸지. 기도를 시작하기 전까지 있는 대로 몸을 뒤로 빼다가, 기도를 마치면 기뻐하네. 소설을 읽거나 십자말풀이를 할 때와는 달리, 기도 시간에는 사소한 일에도 주의가 흐트러지네.

물론 우리만 그런 건 아니야. 고백성사를 하는 참회자에게 부과되는 보속補贖 가운데 기도가 빠지지 않는다는 사실만 봐도 알 수 있지 않은가.

이상하게도 영적으로 무미건조한 시기에만 기도하기가 힘든 건 아닐세. 어제의 기도 속에 위로와 기쁨이 넘쳤어도, 오늘의 기도는 여전히 어느 정도 부담스럽게 마련일세.

걱정스러운 건 우리가 기도의 의무를 거북하게 여기고 꺼린다는 사실만이 아닐세. 정말 거북한 것은 기도가 의무로 꼽혀야 한다는 사실 자체야. 왜냐하면 우리는 우리가 "하나님을 영화롭게 하고 영원토록 그를 즐거워하기" 위해 창조되었다고 믿기 때문일세. 그런 우리가 하나님과의 교제에 쓰는 몇 분, 단 몇 분을 기쁨이 아니라 부담으로 느낀다면 어찌해야 하겠나? 내가 칼뱅주의자라면 한없는 절망에 빠질 걸세. 장미꽃을 피우기 **싫어하는** 장미나무를 **위해** 무엇을 해 줄 수 있겠는가? 혹은, 그런 장미나무를 **가지고** 무엇을 할 수 있겠는가? 장미나무는 장미꽃을 피우고 싶어 해야 마땅하지 않나?

우리가 기도를 꺼리는 이유는 무엇일까? 모든 교사의 지적에 따르면, 그것은 상당 부분 우리의 죄 때문이네. 세상일에 불필요하게 몰두하는 것, 정신훈련을 소홀히 하는 것도 이유가 되겠지. 그리고 '하나님에 대한 불건전한 두려움'도 빼놓을 수 없네. 우리는 하나님과의 지나치게 적나라한 접촉을 꺼리네. 우리를 향한 그분의 요구를 듣지 않을 수 없을까 봐 두려워하는 거지. 옛날 어느 작가는 많은 그리스도인들이 "하나님이 정말 기도를 들으시기를 바라지 않기 때문에 일부러" 희미한 목소리로 기도한다고 말했네. 그러나 죄—어쨌거나 우리 각자가 실제로 짓는 죄—가 유일한 원인은 아닐 걸세.

하나님이 처음 창조하신 인간은 어땠는지 모르지만, 지금 우리의 정신 구조로 볼 때 (감자처럼) 지각할 수도 없으면서 (숫자처럼) 추상적이지도 않은 대상에 집중하기란 어려워. 구체적이지만 비물질적인 대상은 고통스러운 노력을 통해서만 그려 볼 수 있네. "존재하지 않는 거니까 그렇지"라고 말할 사람들도 있겠지만 우리의 다른 경험들을 고려해 볼 때 그런 해결책은 받아들일 수 없네. 우리 자신을 비롯해 가장 아끼는 것들은 모두 '구체적이고(즉 개별적이고) 지각할 수 없는' 부류에 속하기 때문일세. 실재가 물리적 대상들과 추상적 개념들로만 이루어져 있다면, 그 실재는 우리에게 아무 의미가 없을 걸세. 우리는 엉뚱한 우주에 있는 셈이 되겠지. 인간의 모든 노력이 헛된 정열*passion inutile*[108]일 테니 차라리 잠이나 자는 게 나을 거네. 이런 상황이라면 소위 진짜 우주는 인간의 감각 경험에서 뚝 떨어져 나갔다고 봐야겠지.

---

108) 실존주의의 대표적 사상가인 사르트르Jean-Paul Sartre(1905-1980)가 《존재와 무》에서 인간을 규정할 때 사용한 용어.

기도할 때 고통스러운 노력이 따른다고 해서 우리의 창조 목적에 걸맞지 않은 일을 하고 있다고 말할 수는 없네.

우리가 완전해진다면, 기도는 의무가 아니라 기쁨이 될 거야. 하나님의 뜻이라면, 언젠가 그럴 날이 오겠지. 지금은 의무로 보이는 많은 다른 행동도 마찬가지일세. 내가 이웃을 내 몸처럼 사랑한다면, 지금은 도덕적 의무로 여겨지는 대부분의 행동이 종달새의 노래처럼, 꽃의 향기처럼 자연스럽게 흘러나오게 될 거야. 그런데 왜 아직 그렇게 되지 못하는 걸까? 글쎄, 우리는 이미 알고 있지 않나? 아리스토텔레스는 기쁨delight이란 방해받지 않은 활동이 '꽃핀 것'이라고 말했네. 그러나 우리의 창조 목적에 해당하는 활동들은 이 땅에서 사는 동안 우리 스스로와 다른 사람들 안에 있는 악에 의해 여러 모로 방해를 받지. 그런 활동들을 실천하지 않는 것은 인간성을 포기하는 것과 같네. [그러나] 그 활동들을 자연스럽게 기쁨으로 실천하는 것은 아직 우리에게 가능하지 않지. 이런 상황 때문에 의무라는 범주, 구체적으로 **도덕적** 영역 전체가 생겨나게 된 걸세.

그러나 언젠가 우리는 의무와 도덕을 초월하게 될 걸세. 여기에 기독교의 역설이 있네. 우리는 "하나님을 사랑하고 이웃을 사랑하라"는 두 가지 큰 계명을 받았네. 그 두 계명은 이렇게 번역해야 마땅하네. "하나님과 사람을 사랑하는 **것처럼** 행동하라." 사랑하라는 말을 들었다고 해서 사랑할 수 있는 사람은 없기 때문일세.

그러나 명령을 실천하는 단계에서의 순종은 실상 순종이라 할 수 없네. 사람이 정말로 하나님과 사람을 사랑해서 하는 행위 또한 순종이 아닐 걸세. 내 안에서 우러난 일을 한 것일 테니 말이야. 따라서 그 명령이 실제로 우리에게 말하는 바는 "네가 거듭나야 하겠다"[109] 이것이라고 볼 수 있네. 그렇게 거듭날 때까지 우리에게는 의무와 도덕 그리고 율법이 있네. 사도 바울의 표현을 빌리자면, 우리를 그리스도께 인도하는 몽학선생인 것이지. 율법에서 몽학선생 이상을 기대해선 안 되지만 그 역할을 놓쳐서도 안 되네. 오늘 경건한 기분이 들건 아니건 나는 기도를 해야 하네. 그것은 시를 읽기 위해 문법을 배워야 하는 것과 같은 원리이지.

그러나 하나님의 뜻이라면, 학창 시절은 끝나게 되어 있어. 천국에는 도덕이 없네. 천사들은 **당위**라는 단어의 의미를 (체험적으로) 알지 못하네. 그리고 천국의 성도들은 그 의미를 기쁘게 잊은 지 오래일세. 그렇기 때문에 단테의 천국은 참으로 타당하고, 군사훈련이 잔뜩 있는 밀턴의 천국은 매우 분별없는 그림인 걸세. 앞서 했던 얘기지만, 이런 천국의 상황은 경박한 느낌마저 드는 용어로 천국을 묘사해야 하는 이유이기도 하네. 이 세상에서 우리가 행하는 가장 중요한 활동들은 방해를 받네. 그러므로 현재로선 놀이와 여가활동의 유비를 통하지 않고서는 방해받지 않고 즐겁

---

109) 요한복음 3장 7절 참조.

게 하는 행동을 상상할 수가 없어. 그렇기에 자유로운 일일수록 그만큼 중요성이 떨어지는 일일 거라는 관념이 생겨난 거야.

잘 듣게. 나는 우리가 소위 좋은 장미나무라면 지금 의무라고 생각하는 행동 '대부분'을 자연스럽고 즐겁게 행할 거라고 말했네. 전부가 아니라 대부분일세. 순교를 좋아할 수는 없으니까. 우리는 순교를 좋아하라는 명령은 받지 않았네. 우리 주님부터도 좋아하지 않으셨지. 그래도 의무가 악 때문에 생겨난다는 원리는 여전히 유효하네. 순교는 박해자의 악 때문에 생겨나니까. 다른 의무의 경우는 내 안에 사랑이 없거나 세상에 널리 퍼져 있는 악 때문에 생겨나지. 완전하고 영원한 세계에서는 율법을 찾아볼 수 없을 걸세. 그러나 율법 아래서 신실하게 살았던 삶의 결과는 사라지지 않을 거야.

그러므로 나는 지금 기도가 의무, 그것도 귀찮은 의무라는 사실 때문에 절대 염려하지 않는다네. 물론 그것은 수치스러운 사실이지. 기도는 좌절케 하네. 기도를 잘 못할수록 더 많은 시간이 걸리니 엄청난 시간을 잡아먹기도 하고. 그러나 우리는 아직 학교에 다니는 학생 신분이네. 던의 표현으로 말하자면 "나는 여기 문간에서 악기를 조율하고 있"는 거지. 그리고 지금도—어떻게 하면 글을 충분히 약하게 만들어 과장 없이 말할 수 있을까?—우리는 나름대로 귀중한 순간을 경험한다네. 불쑥 터져 나오는 탄식 속에서 가장 많이 만나게 되는 순간들이지. 그것은 "간청하지도 찾지도 않았으나 인간에게 찾아온 행복한"[110] 상쾌함이네.

그러나 나는 그것에 큰 기대를 걸지 않네. 그것이 지금보다 열배나 커진다 해도 마찬가지일 걸세. 실제로 하나님이 보실 때는 우리가 드린 최악의 기도가 최선의 것일지도 모르지 않는가. 그러니까 경건의 느낌이 조금도 없고 전혀 내키지 않는데도 억지로 드리는 기도 말일세. 거의 의지만으로 이뤄지는 이런 기도들이 감정보다 더 깊은 차원에서 나오기 때문일세. 감정 안에는 우리의 것이라고 볼 수 없는 요소가 너무 많다네. 우리의 감정은 날씨나 건강, 최근에 읽은 책 등에 너무 큰 영향을 받거든. 한 가지는 분명하네. 귀중한 순간을 얻으려고 수를 쓰는 건 아무 소용이 없다는 걸세. 가끔 하나님은 우리가 방심하고 있을 때 가장 친밀하게 말씀하시는 듯해. 하나님을 영접하기 위한 준비가 오히려 정반대의 효과를 낼 때가 있다는 거지. 찰스 윌리엄스는 그의 책 어디에선가 이렇게 말하지 않았나? "제단은 하늘의 불이 **다른 곳으로** 내려올 수 있음을 염두에 두고 쌓아야 할 때가 많다."

---

110) 밀턴의 《실락원》 III에서 인용한 구절.

22

Letters
To Malcolm

평소 신문을 잘 읽지 않다 보니 나를 겨냥한 찬사와 비난을 대부분 놓치고 마네. 자네가 말한 기사도 못 봤어. 하지만 그와 비슷한 다른 기사들은 본 적이 있으니 이번 기사가 내게 별다른 충격을 주진 못할 걸세. 그 '자유주의 그리스도인들'을 오해하지 말게나. 그들은 나 같은 저자들이 커다란 해를 끼치고 있다고 진심으로 믿고 있네.

그들은 "성도에게 단번에 주신 믿음"의 내용을 받아들이는 것이 불가능하다고 여기네. 그럼에도 자신들이(우리는 아닐세) '기독교'라고 부를 수 있는 모종의 퇴화된 종교가 계속해서 존재해야 한다고 믿고, 회심자도 많이 만들어 내려고 정말 애를 쓴다네. 그들은 이 종교를 충분히 '비신화화'해야 회심자들이 생길 거라고 생각하

173

네. 배가 침몰하지 않으려면 짐을 들어내 배를 가볍게 해야 한다는 거지.

그러니까 그들의 입장에서 볼 때, 세상에서 가장 몹쓸 사람들이란 나처럼 초자연적 요소가 기독교의 본질이라고 선포하는 사람들일 걸세. 그들은 초자연적인 것에 대한 믿음은 결코 되살아나지 못할 것이고, 그래서도 안 된다고 확신하거든. 또 세상 사람들에게 초자연적인 요소를 받아들이는 쪽과 기독교라는 겉치레를 다 벗어 버리는 쪽 중에서 하나를 택하라고 한다면 틀림없이 두 번째 대안을 선택할 거라고 믿는다네. 따라서 실제로 기독교를 배신한 쪽은 자유주의자들이 아니라 바로 우리라고 말하네. 우리 때문에 **그리스도인**이라는 이름에 치명적인 불명예가 다시 붙을 거라는 거지. 우리만 아니었으면 그들이 충분히 벗길 수 있는 오명이었다고 불평하면서 말이야.

그렇다면 우리의 작업에 대한 그들의 발언에서 적개심이 느껴진다고 한들 그들을 나무랄 수 있겠나? 하지만 우리가 그들에 대해 일말의 적개심이라도 품는 것은 용납할 수 없는 일이 될 걸세. 우리가 어느 정도 그들의 계획을 망쳐 놓은 것은 분명하니까. 그러나 그들은 세속주의의 세력에 대해서는 이와 전혀 다른 기여를 하고 있네. 세속주의 안에는 그들보다 훨씬 영향력이 큰 투사들이 백 명도 더 있거든. 자유주의 기독교는 불신앙에 동조하는 우렁찬 합창에 부질없는 메아리만 더할 뿐이네. 이 메아리가 자주 '머리

기사로 실린다'는 사실만 보고 속지 말게. 그들의 의견이 기사화되는 이유는 다른 사람들이 (매일 그렇게 하고 있듯이) 기독교 교리를 공격할 때는 아무도 관심 갖지 않지만, 공격자가 성직자라면 뉴스거리가 되기 때문일세. 화장을 반대하는 흔해 빠진 항의도 당사자가 영화배우라면 뉴스거리가 되는 것과 같다네.

그건 그렇고, 자네, 회의주의에서 '자유주의' 혹은 '비신화화'된 기독교로 회심했다는 사람을 만나 보거나 그런 사례를 들어 본 적 있나? 불신자들이 기독교에 들어올 때는 그런 어정쩡한 위치에서 멈추지 않네.

물론 자유주의자들이건 우리건 성공여부로 평가되어서는 안 되네. 이것은 이기는 것이 목적인 전술의 문제가 아니기 때문일세. 자유주의자들은 정직한 사람들이고 자신들이 이해하는 기독교를 전파하네. 우리는 우리가 이해하는 기독교가 옳다고 믿고 그것을 전하지. '대중이 원하는 것'을 먼저 추측한 다음 대중이 원한다는 **이유로** 그것이 기독교라고 전파하는 사람은 바보인 동시에 악당일 걸세.

내가 이 부분을 상세하게 설명하는 이유는 자네조차 지난번 편지에서 나의 입장에는 초자연적인 요소가 너무 많다고 암시했기 때문이야. 특히 '내세'를 매우 크게 부각한다는 면에서 말일세. 하지만 내세를 믿는다면 어떻게 크게 부각하지 않을 수 있단 말인가?

자네는 내 이력을 알지. 나는 딴 속셈이 있어서, 즉 영원히 살고 싶어서 기독교에 말려든 것은 아닐까 하는 두려움에 전혀 시달리지 않네. 나는 하나님을 먼저 믿었고 그 후에 천국을 믿었네. 지금도 내 확신에는 변함이 없네. 불가능한 가정을 한 가지 해 보세나. 틀림없는 그분의 음성이 내게 이렇게 들렸다고 해 보자구. "그들이 너를 잘못 이끌었다. 나는 너를 위해 그런 종류의 일을 할 수 없다. 맹목적인 세력에 맞선 나의 오랜 투쟁이 이제 거의 끝났다. 나는 죽는다, 얘들아. 이야기가 끝나고 있다." 그 순간에 나는 재빨리 반대편에 가서 붙을까? 자네와 나라면 바이킹 방식을 택하지 않겠는가? "거인과 트롤들 편이 승리한다. 우리는 옳은 편에서 죽자. 아버지 오딘과 함께."[111]

그러나 사정이 그렇지 않다면, 일단 내세를 인정하게 된다면, 육욕과 분주한 일들에 몰두하지 않고서야 어떻게 그것이 우리 정신의 전면에 나서지 않을 수가 있겠는가? 그것이 '기독교의 나머지'—이 '나머지'는 무엇인가?—와 어떻게 분리될 수 있는가? 우리가 받아들인 내세 개념을 어떻게 우리의 현재 경험과 떼어서 생각할 수 있는가? 우리가 믿기 이전에도 너무나 많은 경험들이 "영원성의 밝은 광선"[112]처럼 **보이지** 않았는가?

그러나……결국, 나는 아네. 이건 모험이야. 언제까지 모험일

---

111) 북유럽 신화의 최고 신인 오딘은 천지와 인간의 창조자이며 모든 신의 아버지이다. 오딘이 이끄는 신들이 거인과 트롤 연합군과의 일대 결전에서 패배하고 멸망하면서 세상이 멸망한다.

지 우리로선 **알 수** 없네. 지금 우리에게 주어진 것은 적으나마 아량과 자선을 베풀고 작은 스포츠맨십을 발휘할 자유와 기회일세.

천국의 개념을 추방하려는 많은 '자유주의자들'이 대단히 편협한 동기를 갖고 있는 건 아닐까? 그들은 어떤 사실로도 도저히 반박할 수 없는 절대적으로 안전한 종교를 원하네. 그 종교 안에서 그들은 우주의 실제 모습에 상관없이 '속았다'거나 '말을 잘못 탔다'고 후회할 일이 없을 거라는 편안한 느낌을 받을 걸세. 그것은 자신의 달란트를 묻어 두었던 사람의 정신과 흡사하네. "주인님이 굳은 사람인 줄 알고 있습니다. 그래서 나는 아무 모험도 감수하지 않겠습니다."[113] 그러나 그들이 원하는 종교의 내용은 동어반복이 전부이지 않겠나?

몸의 부활에 대해 말해 보세. 영혼이—가루로 뿌려졌거나 자연 곳곳에 흩어진 지 오래된—시체를 다시 취한다는, 부활에 대한 전통적인 그림이 불합리하다는 데에는 동의하네. 그것은 사도 바울의 말씀이 함축하고 있는 바도 아닐세. 그러면 그 그림을 무엇으로 대체하겠느냐고 자네가 묻는다면 역시 추측밖에 내놓을 게 없을 걸세.

이 추측 배후의 원리는 이런 걸세. 몸의 부활이라는 교리를 대

---

112) 시인이자 신비주의자인 헨리 본Henry Vaughan(1622–1695)의 시집 《번쩍거리는 부싯돌 Scilex Scintillans》에서 인용.
113) 마태복음 25장 24–25절 참조.

하는 우리의 관심사는 물질 그 자체, 즉 파동이니 원자니 하는 것들이 아닐세. 영혼이 간절히 요구하는 것은 감각의 부활이네. 이 생에서도 물질이 감각의 원천이 아니라면 그것은 우리에게 아무 의미도 없을 걸세.

우리에게는 나약하고 간헐적이긴 하나 죽은 감각들을 무덤에서 일으키는 힘이 이미 있네. 물론 기억을 말하는 걸세.

자네는 내 생각이 어떻게 전개될지 알 거야. 그러나 내가 말하는 몸의 부활이 단지 천국 성도들이 지상에서 겪은 감각 경험을 탁월하게 기억한다는 뜻 정도일 거라고 지레짐작하진 말게. 내 말은 정반대의 의미니까. 그러니까 지금 우리가 가진 기억은 영혼이, 혹은 영혼 안에 계신 그리스도(그분은 우리를 위한 "거처를 예비하러 가"[114]셨네)가 내세에 행사할 힘에 대한 흐릿한 전조 또는 신기루라는 걸세. 그러나 천국에서는 더 이상 간헐적인 기억은 필요가 없을 걸세. 무엇보다 더 이상 개별 영혼만의 사적인 것일 필요가 없을 거야. 지금 나는 자네에게 어린 시절에 놀던 사라진 들판들—오늘날에는 주택지가 되었지—에 대해 말로써 불완전하게 전해 줄 수 있을 따름이네. 그러나 먼 훗날 어쩌면 내가 자네를 데리고 그 들판을 누비며 산책할 수 있는 날이 올 걸세.

현재 우리는 영혼이 어떻게든 몸 '안에' 있다고 생각하는 경향

---

114) 요한복음 14장 2절.

이 있네. 그러나 내가 상상하는 부활의 영광스러운 몸 — 죽음에서 부활한 감각적 생명 — 은 영혼 안에 있을 걸세. 하나님이 공간 안에 계신 것이 아니라 공간이 하나님 안에 있는 것처럼 말이지.

나도 모르게 '영광스러운'을 집어넣었군. 그러나 이 영광스러움은 약속된 사실일 뿐 아니라 현실에서 그 전조를 볼 수 있네. 아무리 우둔한 사람이라도 기억이 아름답게 변할 수 있다는 건 아네. 어린 시절 순간적으로 엿보았던 아름다움이 기억 속에서 증폭되는 흔한 경험을 시인은 다음과 같이 노래했네.

……속삭임
기억의 저장고에서 그것은 외침으로 바뀌리.[115]

기억의 '착각'에 대해 말하지 말게. 무슨 근거로 우리가 지금 보는 것이 10년 뒤에 보는 것보다 더 '실제적'이라는 건가? 지평선 위의 파란 언덕이 그곳에 가서 봐도 여전히 파랗게 보일 거라고 믿는 것이야말로 착각일세. 그러나 8킬로미터 떨어진 곳에서 본 그 언덕이 파랗다는 사실과 언덕 위에 올라서면 초록으로 보인다는 사실은 둘 다 분명한 사실일세. 트러헌Thomas Traherne[116]의

---

115) 오언 바필드의 시 〈요새The Tower〉에 나오는 구절.
116) 1637-1774, 영국의 시인.

"찬란하게 빛나는 불멸의 밀"이나 워즈워스William Wordsworth의 "천상의 빛으로 꾸며진" 경치는 기억된 과거에서 존재하는 것만큼 과거에는 그렇게 눈부시지 않았을지도 모르네. 이것이 바로 영광의 시작일세. 언젠가 그 광경들이 더욱 눈부시게 아름다워질 날이 올 걸세. 그날이 오면 구속받은 자들의 감각체sense-body에서 새로운 지구 전체가 생겨날 걸세. 이 지구와 같으면서도 같지 않은 곳. 썩을 것으로 심은 지구가 썩지 아니할 것으로 다시 살아나는 거네.

극단적인 사례를 들면 조롱과 오해를 받을 수도 있겠지만 그래도 상관없네. 홀아비로 살면서 가장 이상스런 일은 아내와 육체적 사랑을 나누던 장면이 무제한의 자세한 상상력으로 생각나고, 그 와중에 애정과 감사가 넘치면서도 육욕이 불붙진 않는다는 걸세. 이런 일이 벌어질 때(이런 일을 추구해서는 안 되네) 나는 경이감을 느낀다네. 마치 자연 자체가 무덤에서 일어나는 것을 보는 듯하네. 일시적인 것으로 심었는데 영구적인 것으로 다시 살아난 거지. 변화 상태로 심었는데 존재 상태로 다시 살아났네. 주관성으로 심었는데 객관성으로 다시 살아났네. 둘의 일시적 비밀이 궁극적 음악 속에서 하나의 화음으로 되었네.

자네는 이렇게 항의하겠지. "하지만 그건 **몸**의 부활이 아닐세. 자네는 죽은 자들에게 일종의 비현실적인 세계dream world와 몸 dream body을 준 걸세. 그것들은 실제가 아니야." 그러나 이것은 자네가 언제나 알던 바로 그만큼 실제적이네. 물리학이나 생리학에서 묘사하는 세계에는 우리가 현재 경험하는 '실제 세계'(색깔과 소리가 있고 부드럽거나 딱딱하고 차갑거나 따뜻하고 철저히 주체의 시각에서 파악되는)가 들어설 자리가 없다는 건 자네가 나보다 더 잘 아네. 물질이 우리 경험 안으로 들어오는 방법은 감각이 되거나(우리가 그것을 지각할 때) 개념이 되는 것(우리가 그것을 이해할 때)뿐일세. 즉 영혼이 되는 방법뿐일세. 나는 영혼 안에서 변화된 이 물질, 즉 감각과 개념이 다시 살아나 영화롭게 될 거라고 보네. 천국의 언덕과 골짜기들, 그리고 자네가 지금 경험하는 언덕과 골짜기들의 관계는 원본과 사본, 또는 진품과 대용품의 관계라기보다는 꽃과 뿌리 내지 다이아몬드와 석탄의 관계와 비슷할 걸세. 그것들이 물질에서 비롯되었다고 말하는 것은 영원히 사실일 걸세. 그러니 물질을 축복하세. 그러나 물질이 영혼에 들어갈 수 있는 유일한 방식으로, 지각되고 알려져 영혼 안에 들어간 물질은 영혼으로 바뀐 걸세(인간과 결혼함으로써 영혼을 얻은 물의 요정들처럼).

이 몸의 부활이 단번에 일어날 거라는 말은 아닐세. 우리의 몸은 죽음 가운데 잠자고 지적 영혼은 음울한 땅Lenten lands으로 보내져 그곳에서 몸을 입지 않은 영혼의 상태로—유령 비슷한 불완전한 인간의 상태로— 금식하며 지낼 것 같네. 천사가 유령이라는 뜻은 아닐세. 그러나 몸을 입지 않은 영혼의 상태는 천사의 본성과는 일치하지만 우리의 본성과는 일치하지 않는다고 봐. (두 발

달린 말은 불구이지만 두 발 달린 사람은 다르거든.) 그러나 우리는 그러한 금식 과정을 거친 후 돌아와 우리가 놓고 떠났던 부유함을 되찾게 될 걸세.

그러면 우리가 그리스도 안에서 다시 살아난 것처럼, 이 하늘, 이 땅과 같으면서도 전혀 다른 새 하늘과 새 땅이 우리 안에서 다시 살아날 걸세. 그리고 얼마나 될지 아무도 모르는 오랜 침묵과 어둠이 지난 후, 다시 한 번 새들이 노래하고 물이 흐르고 빛과 그림자가 언덕을 가로질러 지나가는 풍경과 우리를 알아보고 웃는 친구들의 얼굴을 보며 놀라게 될 걸세.

물론 다 추측일 뿐이네. 내 추측이 틀렸다면, 사실은 그보다 더 좋을 걸세. 그리스도가 나타나실 때 우리도 그분처럼 되며, 그의 참모습 그대로를 볼 것을 알기 때문일세.[117]

쪽지를 보내 줘서 고맙다고 베티에게 전해 주게. 평소보다 약간 늦게 3시 40분 기차를 타고 가겠네. 그리고 베티에게 1층에 잠자리를 마련하려고 수고할 것 없다고 말해 주게. 이제 다시 계단을 쉬엄쉬엄 오를 수 있으니까. 계단참에서 한 번 앉아 쉬기만 하면 되네. 토요일에 보세.

---

117) 요한일서 3장 2절 참조.

옮긴이 홍종락

서울대학교에서 언어학과를 졸업하고, 한국해비타트에서 간사로 일했다. 2001년 후반부터 현재까지 아내와 한 팀을 이루어 번역가로 일하고 있으며, 번역하며 배운 내용을 자기 글로 풀어낼 궁리를 하며 산다. 저서로 《오리지널 에필로그》가 있고, 역서로는 《당신의 벗, 루이스》, 《순례자의 귀향》, 《피고석의 하나님》, 《세상의 마지막 밤》, 《개인 기도》, 《실낙원 서문》, 《오독》, 《이야기에 관하여》, 《현안》, 《영광의 무게》, 《폐기된 이미지》(이상 루이스 저서), 《C. S. 루이스와 기독교 세계로》, 《C. S. 루이스의 순전한 기독교 전기》, 《본향으로의 여정》(이상 루이스 해설서), 《C. S. LEWIS 루이스》, 《루이스와 잭》, 《루이스와 톨킨》(이상 루이스 전기), 그리고 루이스가 편집한 《조지 맥도널드 선집》과 루이스의 글을 엮어 펴낸 《C. S. 루이스, 기쁨의 하루》 등이 있다. 학생신앙운동(SFC) 총동문회에서 발행하는 〈개혁신앙〉에 '루이스의 문학 세계'를 연재 중이다. '2009 CTK(크리스채너티투데이 한국판) 번역가 대상'과 2014년 한국기독교출판협회 선정 '올해의 역자상'을 수상했다.

개인 기도

Prayer: Letters to Malcolm

지은이 C. S. 루이스
옮긴이 홍종락
펴낸곳 주식회사 홍성사
펴낸이 정애주
국효숙 김의연 박혜란 송민규 오민택 임영주 차길환

2007. 5. 21. 양장 1쇄 발행   2018. 3. 15. 양장 9쇄 발행
2019. 11. 27. 무선 1쇄 발행   2025. 2. 10. 무선 5쇄 발행

등록번호 제1-499호 1977. 8. 1.
주소 (04084) 서울시 마포구 양화진4길 3
전화 02) 333-5161 팩스 02) 333-5165
홈페이지 hongsungsa.com 이메일 hsbooks@hongsungsa.com
페이스북 facebook.com/hongsungsa
양화진책방 02) 333-5161